Rolf Klöckner

GRENZENLOSE GENUSSTIPPS

Rolf Klöckner

GRENZENLOSE GENUSSTIPPS

entlang der Saar

ISBN 978-3-949983-10-8

www.geistkirch.de

1. Auflage 2022
© 2022 Autor und Verlag
Verlag: Geistkirch Verlag, Saarbrücken
Titelgestaltung: Florian Brunner, Saarbrücken
Satz und Layout: Harald Hoos, Landau
Printed in EU

■ INHALT

Beim Walnussfest im Bliesgau

Im Südosten des Saarlandes gelegen,
das UNESCO-Biosphärenreservat Bliesgau

 INTRO

Mein Leben findet mit Genuss grenzenlos statt. Es vergeht kaum eine Woche, in der ich nicht in Frankreich bin. Es geht hier grenzüberschreitend! Hin und her, sagen die Leute.

Mit meinen Freunden Jürgen, Oliver und Peter haben wir seit Jahren eine Genussgruppe. Sie heißt „Genussgipfel" und wir sind immer auf der Suche nach genussvollen Zielen. Unsere Touren durch diese Gegend sind auch immer verbunden mit kulturellen Zielen. Denn diese muss man hier im Dreiländereck manchmal suchen.

Wir starten im saarländischen Homburg, bei dem Schlossberg-Hotel. Wir besichtigen die Schlossberghöhlen und wandern. Hierbei laufen wir auf einem Abschnitt von Europas bedeutendster Kulturstraße – dem „Jakobsweg" – sowie dem Premium-Wanderweg „Schlossberg-Tour". Und, wer möchte, kann mit einem herrlichen Blick in den Saar-Pfalz-Kreis auf der Terrasse des Hotels vorzüglich speisen.

Es geht weiter durch den Bliesgau. Eine der schönsten Gegenden im Saarland! Hier gibt es eine besondere Flora und Fauna. Im Südosten des

Saarlandes gelegen, das UNESCO-Biosphärenreservat Bliesgau. Es hat die Größe von 36.000 Hektar. Hier gibt es verwunschene Auenlandschaften der Blies,
ausgedehnte Streuobstwiesen und alte Wälder. Natur pur! Peter hat schon in
allen Erdteilen gegessen. Doch er sagt: „Ich freue mich immer wieder auf unsere Gourmettouren hier in der Heimat. Bin mal gespannt, was uns heute erwartet!" Oliver antwortet: „Solche Touren nach Frankreich erinnern mich immer an
meine Kindheit und Jugend. Wenn mein Vater sagte, wir fahren nach Frankreich
essen, dann war für mich Feiertag."

Seit 2014 gehört der Bliesgau durch seine Vielzahl an Naturschätzen zu den
insgesamt 20 „Fahrtziel Natur-Schutzgebieten" Deutschlands, der Schweiz und

Impressionen aus dem UNESCO-
Biosphärenreservat Bliesgau

Österreichs. Hier wachsen auch besonders viele Orchideen, etwa die Hälfte aller
Arten, die in Deutschland vorkommen. Artenreiche Kalk-Halbtrockenrasen, Sal-
bei-Glatthaferwiesen und Streuobstwiesen, aber auch bodensaure und mesophi-
le Buchenwälder sowie Eichen- und Hainbuchenwälder prägen die Landschaft!
Hier ist die Natur noch in Ordnung, denn hier existieren die Auenlandschaften
des Bliestals mit ausgedehnten Überschwemmungsflächen, großflächig extensiv
genutzten Auenwiesen, Röhrichten, Hochstaudenfluren und Auenwäldern.

Als ein sehr altes Siedlungsgebiet findet man im Bliesgau viele Spuren der
römischen und keltischen Besiedlung. Nächster Halt machen wir am Europäischen Kulturpark Bliesbruck-Reinheim. Dieser dehnt sich grenzüberschreitend

aus zwischen den Orten Reinheim im Saarland und Bliesbruck in Lothringen. In dem 700.000 Quadratmeter großen Parkgelände werden historische Reliquien aus verschiedenen Epochen ausgegraben und museal präsentiert. Unbedingt besuchen, ein Juwel dieser Gegend!

Hier kann man bei einer kulinarischen Wanderung nicht nur eine schmackhafte Landschaft erleben. Etwa Köstlichkeiten der Streuobstwiesen genießen und einen Imker besuchen. Bei Ommersheim wird man von Familie Wack herzlich begrüßt und kann ihren Bioland-Bauernhof besichtigen. Und im Hofladen die Spezialitäten kaufen. Dort gibt es auch die beste Milch weit und breit, in der Bliesgau-Molkerei.

Manche machen hier auch eine Tour, um „im Wald zu baden" und fernöstliche Teezeremonien zu erleben. Andere lieben diese Landschaft, um kulinarische Genüsse, kulturhistorische Stätten und grenzenlose Weitblicke zu erleben. Heimische Öle sowie Natur, Kultur und Pilgerwandern. Sehen, spüren, riechen, hören und schmecken. Alle Sinne sind gefordert!

Am Hartungshof erwarten Sie bei so einer geführten Tour eine Ölverkostung regionaler Öle, selber gemachter Marmeladen und ein Biosphären-Genuss-Teller. Weiter gibt es dann im Kulturzentrum Lochfeld einen veganen Wanderimbiss und saarländische Bio-Säfte.

Die Seille nahe Marsal

Jürgen meint: „Ich glaube, viele Menschen aus dem Saarland wissen nicht, was es in dieser Region alles zu entdecken gibt!" Wir nicken.

Diese Region ist reich! Gemüse und Obst nach Jahreszeit, Fleisch und Wurst, Brot- und Backwaren, Milchprodukte und Eier, Honig und Marmelade, Wein und Sekt, Blumen, bäuerliches Kunsthandwerk und vieles mehr finden wir auf unserm Weg. Eine gelungene Regionalvermarktung setzt auf eine naturverträgliche Produktion von regionalen und saisonalen Lebensmitteln, einer größtmöglichen Weiterverarbeitung in der Region und den möglichst direkten Verkauf an die Verbraucher in unmittelbarer Nähe. Zwar ist das Angebot der regionalen Erzeuger von den Ernte- und Reifezeiten abhängig, dafür gibt es

dann aber frische Produkte von besonders hoher Qualität. Und genau diese Qualität suchen wir!

Der Bliesgau ist auch eine Landschaft für Störche. Zum ersten Mal sah ich sie hier vor ein paar Jahren vom Balkon des saarländischen Fernsehkoches Cliff Hämmerle aus. Sie kommen jährlich zurück, erzählte Hämmerle mir später. An der Blies gibt es auch Biber. Ebenso Fledermausarten, die in den Schlossberghöhlen bei Homburg oder im alten Kalkbergwerk in Gersheim ihre Winterquartiere haben. Auch Wildkatze, Igel, Maulwurf, Fuchs, Dachs und Siebenschläfer sind hier zuhause. Seltene Vögel gibt es hier ebenfalls, etwa der Steinkauz als Indikator der alten Kulturlandschaft, der für die Streuobstwiesen typisch ist. Und Rotmilane sieht man hier. Dazu alle möglichen Arten von Schmetterlingen.

Bier hat in dieser Region auch eine lange Tradition. Wie es in Elsass und Lothringen Sonderregelungen bei französischen Feiertagen gibt, angepasst an die deutschen, so ist das auch mit dem Bier. Neben dem Wein spielt in dieser Region das Bier eine ganz besondere Rolle. Brauereien mit jahrhundertlanger Tradition bestehen hier auf beiden Seiten der Grenze. Klangvolle Biernamen existieren in Lothringen, im Elsass und im Saarland. Und immer wieder machen Mikrobrauereien auf sich aufmerksam mit besonderem Craftbeer. Dabei muss man wissen, die französischen Biere unterliegen nicht dem deutschen Rein-

heitsgebot. Geschmacklich können sie deshalb sehr anders daherkommen. Das Europäische Biermuseum finden Sie in Lothringen, in Stenay.

Ich werfe ein: „Da hat sich in den letzten Jahrzehnten auch eine Menge entwickelt. Etwa die Bliesgaulammwochen!" Alle nicken. Dafür braucht es aber auch immer Menschen, die vorangehen. Etwa Kunstschäfer Rudolf Schäfer, der diese Lammwochen initiierte. Eigentlich ist er von Beruf Architekt. Doch er wollte sich einen Kindheitsraum erfüllen: er wollte Schäfer werden. Er machte seine Gesellenprüfung und wusste, der Bliesgau ist eine ideale Landschaft, um Schafe zu halten. Denn sie pflegen die Landschaft. Dabei sorgen die Kräuter und Gräser im Bliesgau für hervorragendes Fleisch. Heute eine Initiative unter dem Patronat von

Slow-Food. So entstanden in Zusammenarbeit mit verschiedenen Restaurants in Deutschland und Frankreich die Bliesgau-Lammwochen. Immer im Herbst präsentieren Ihnen Restaurants sehr unterschiedliche Kreationen mit Lammfleisch. Die Restaurants sind meistens ausgebucht und die Gäste begeistert!

Kuhherden sieht man hier ebenfalls überall im Land, grenzüberschreitend. Bei der Nutztierhaltung gibt es jedoch einige Besonderheiten. Wasserbüffel werden etwa in Beeden großgezogen, Yaks werden in den Bliesauen des Europäischen Kulturparks Bliesbruck-Reinheim gehalten und in ganz Südwestdeutschland Glanrinder. Diese waren lange vom Aussterben bedroht, doch diese Entwicklung konnte gestoppt werden. Es gibt immer mehr Viehbauern, die diese Rinder züchten!

In Mandelbachtal werden Angusrinder gehalten. Im Norden des Saarlandes, in Eiweiler bei Nohfelden, setzt sich der Huf-Hof für die Erhaltung alter Rassen ein. Sie halten Vogesenrinder, Vorderwälderkühe und ungarische Graurinder. Die ungarischen Graurinder leben ganz frei das ganze Jahr dort auf der Weide. Und in Ostfrankreich stehen auch immer wieder Charolais Rinder auf der Wiese.

Wir erreichen die Blies ganz im Süden des Saarlandes. Da gibt es einige Hofläden, die wir kennen. Also, kurzer Stopp und Einkauf.

Hier ist die Blies Grenzfluss zwischen Frankreich und dem Saarland. In Saargemünd fließt die Blies dann in die Saar. Die Saar ist dann Grenzfluss bis Güdingen, ganz im Süden Saarbrückens. Wenn Sie von der Mündung der Blies in die Saar etwas bliesaufwärts in Saargemünd spazieren gehen, sehen Sie auch einige historische Besonderheiten unserer Region. Saargemünd war ja mal die Keramikmetropole der Region.

Doch wir fahren weiter nach Frankreich. In Sarralbe wird veganer Käse hergestellt. Recht erfolgreich. Die Erzeuger beliefern auch saarländische Händler.

Im Bitcher Land, in Petit-Réderching, werden Bisons gehalten und in La Petite Pierre schottische Hochlandrinder. Sie heißen Highland Cattle und kommen hier als Naturschützer zum Einsatz. Sie schützen die Streuobstwiesen, indem sie verhindern, dass sich der Wald weiter ausbreitet.

Weiter geht es, mit einem kleinen Umweg an der lothringischen Seenplatte vorbei, nach La Petite Pierre ins Krumme Elsass. Wir gehen erst mal spazieren. Den

Wanderweg der drei Felsen: der Felsen von Corbeau, der Felsen von Païens und der Felsen von Blan. Diese Gegend hier bietet viel Natur und ist wunderschön.

Wir haben Zeit heute. Deshalb steuern wir als nächstes Sarrebourg an. Dort gibt es eine besondere kleine Kirche, die Chapelle des Cordeliers, ein kleines Chagall-Museum. Unsere Gruppe war vor ein paar Jahren im Centre Pompidou in Metz und schaute eine große Ausstellung von Marc Chagall an. In Sarrebourg gibt es sogar einen Chagall-Rundgang. Zuerst die Cordeliers-Kapelle, wo das monumentale Chagall-Fenster von zwölf Metern Höhe und 7,5 Meter Breite mit dem Titel „La Paix", „der Frieden" zu sehen ist. 13.000 Glasbauteile in allen Farben. Und es gibt noch viel mehr zu sehen. Der Rundgang endet am Musée du Pays de Sarrebourg, wo ein wunderbarer Wandteppich des Künstlers ausgestellt wird. Ein Fest für die Augen…

Oliver stellt fest: „Kultur, ganz besondere Kultur, ist hier im Dreiländereck. Zwar etwas verstreut, doch, wer sucht, findet dann ganz besondere Exponate!"

Peter: „Schön, dass wir hier so viel Schönes erleben!"
Rolf: „Das werden wir auch weiterhin tun!"
Jürgen: „Unsere Region ist halt nicht nur das Saarland. Wir leben Genuss grenzenlos!"

Zum Abschluss des Tages gehen wir essen. Kaum ein anderes Restaurant hat meine kulinarischen Entdeckertouren in Frankreich so geprägt, wie das Haus in der 1, Route de Saverne in Phalsbourg. Über Jahrzehnte!

Heute betreibt es Philippe Jégo, Meilleur Ouvrier de France.

Aber jahrzehntelang besuchte ich hier „Le Soldat de l'An 2" von Kochlegende Georges-Victor Schmitt. Er wurde für mich zu einem der Lehrmeister des guten Geschmacks. Nie Kompromisse, immer das Bessere als das Gute suchen!

Mein Botschafter der französischen Küche, der französischen Lebensart.

Ein besonderer Koch, ein fantastischer Mensch! Ich habe viel von ihm gelernt.

Monsieur Georges: „Wir sind hier nicht Franzosen, Luxemburger oder Deutsche. Mein Land heißt nicht Frankreich, mein Land heißt Europa."

Die Rote Saar bei Abreschviller

◼ DIE SAAR

Die Saar fließt in nördlicher Richtung von Frankreich nach Deutschland. Sie entspringt am Donon im französischen Elsass. Dem heiligen Berg der Kelten. Die Saar hat zwei Quellflüsse: die Rote Saar und die Weiße Saar, weniger als ein Kilometer Luftlinie voneinander entfernt. Hier, am Nordwesthang des Donons, ist auch das „Land der zwei Saarflüsse", „le Pays des deux Sarres".

Die beiden Quellflüsse fließen hier über Buntsandstein, durch beschauliche Wälder und eine unaufgeregte Landschaft. Die Rote Saar passiert dabei Saint-Quirin, Abreschviller, Vasperviller, Métairies-Saint-Quirin, Nitting, Lorquin, um sich dann kurz später mit der Weißen Saar zu vereinigen. Diese passiert auf ihrem Weg dahin Turquestein-Blancrupt und Niderhoff.

Beide fließen jeweils etwa 26 Kilometer alleine durch diese Region, bis sie sich südlich von Sarrebourg, bei Hermelange, treffen. Bis die Saar in Konz in die Mosel fließt, nimmt sie das Wasser von etwa 100 Bächen und Flüssen auf.

In einem kleinen Hotel im lothringischen Turquestein-Blancrupt verbrachte ich schon oft ruhige, beschauliche Tage. Weit weg von Lärm und Hektik. Mit regionaler Küche und langen Spaziergängen. Der Besitzer wies mich einst darauf hin, dass das Rinnsal im Garten die Weiße Saar sei. Das Haus liegt an der Route du Donon. Doch seine Ansage, die Forellen, die er serviere, stammen aus der Weißen Saar, hielt ich für einen Scherz. Doch, wer weiß, vielleicht meinte er es ernst...

Die Rote Saar erreicht bald Abreschviller. Hier wurde die Rote Saar zu einem Naturschwimmbad gestaut. Im Sommer Treffpunkt zahlreicher, einheimischer Familien und Touristen. Und hier gibt es noch etwas Besonderes: die Waldeisenbahn von Abreschviller. Schon im 18. Jahrhundert wurde hier Holz geschlagen. Verkehrswege gab es kaum, so wurden 1884 die ersten fünf Kilometer der Bahn angelegt. Heute sind das erheblich mehr. Seit 1969 ist die Bahn ein Touristenmagnet und vor allem Kindern macht eine Fahrt mit dieser Waldeisenbahn viel Freude.

Das Naturschwimmbad der Saar in Abreschviller

Nach der Vereinigung der beiden Quellflüsse fließt die Saar erst nordwärts. Mit einem kleinen Bogen –Richtung Westen – erreicht sie bald Sarrebourg. Weiter geht es Richtung Norden über Fénétrange, Saarwerden, Saarunion, Sarralbe.

Auf 121 Kilometern durchfließt die Saar die ostfranzösische Region Grand Est. Von Sarralbe bis Saargemünd fließt der Fluss meistens in Sichtweite zum Saarkanal. Dieser zweigt bei Gondrexange vom Canal de la Marne au Rhin ab. Der Weiher von Gondrexange dient auch beiden Kanälen als Wasserreservoir. Bei Diane-Capelle befindet sich die erste Schleuse des Saarkanals. Der Kanal passiert dann den Stockweiher, danach den Mittersheimer Weiher. Auch diese beiden Weiher dienen zur Wasserversorgung des Kanals. Am Hafen von Mittersheim existiert noch ein kurzes Stück des geplanten aber nie zu Ende gebauten Canal des Salines de L'Est. Danach windet sich der Saarkanal in drei großen Bögen runter ins Saartal. Kurz vor Sarralbe überquert der Kanal auf einer Kanalbrücke das Flüsschen Albe. Nach 65 Kilometern fließt der Kanal in Saargemünd in die kanalisierte Saar. Napoleon erließ im Jahre 1806 ein kaiserliches Dekret zur Kanalisierung der Saar, um Saarkohle nach Frankreich zu verschiffen.

2

1

Konz

1 **2** Saarburg

3

4 Serrig

3

5

Merzig

4

5

Saarlouis

6

7

Saarbrücken

6 Sarreguemines

8

7

9

Sarralbe

8

9

10

Fénétrange **10**

11 **11**

11

Sarrebourg

Abreschviller

12 **13** **12**

12

13

Die Saar bei Niederstinzel

Die Saar durchfließt Lothringen und das Krumme Elsass. Eine herrliche Gegend, in der die Saar durch eine wunderschöne Natur fließt: das Krumme Elsass. Hier sind ihre Ufer mit dichtem Schilfrohr noch umrahmt und der Fluss schlängelt sich mit zahlreichen Windungen durch das flache Land. Ursprünglich und ohne dass Menschen viel verändert haben. Kurz hinter Fénétrange verlässt die Saar Lothringen und erreicht das Krumme Elsass. Am besten steuern Sie Sarre-Union und Umgebung an, um diese herrliche Landschaft zu erkunden.

In der Nähe von Sarralbe erreicht die Saar dann wieder lothringischen Boden. Die Saar erlebt auf ihrem Weg, es sind 235 Kilometer vom Donon bis nach Konz, sehr unterschiedliche Landschaften. Eher ländlich und beschaulich ist ihr Weg durch Frankreich, während ihr Weg durch das Saarland auch von der Montanindustrie geprägt ist. Dabei gibt es auf ihrem Weg außergewöhnlich schöne Ecken.

Zwischen Saargemünd und dem Saarbrücker Stadtteil Güdingen ist die Saar auf elf Kilometern die Grenze zwischen Frankreich und Deutschland. Dann fließt sie 68 Kilometer durch das Saarland bis Saarhölzbach. In diesem industriell geprägten Teil des Saarlandes sind die Ufer der Saar fast

*Am Wiltinger Saarbogen bei Kanzem zeigt sich
die Saar im stimmungsvollen Herbstlicht.*

ununterbrochen von Siedlungs- und Industriegebieten umsäumt. Hinter Saarbrücken weitet sich die Landschaft. Wobei hinter Völklingen wieder engtalige Abschnitte auftauchen.

Erst mit Eintritt der Saar in den Buntsandstein verbreitert sich das Tal wieder. Zwischen Saarbrücken und Dillingen bekam sie ihre Schönheit genommen, hier wurde sie von der Schwerindustrie versklavt. Industrielandschaft! Zwischen Beckingen und Merzig wird das Saartal im Merziger Graben kastenförmig ausgebildet. Durch Muschelkalkstufen ist das Tal begrenzt.

Erst im nördlichen Merziger Graben mit Buntsandstein zeigen sich wieder breite Terrassen. Bei Orscholz liegt das weltberühmte Wahrzeichen des Saarlandes: die Saarschleife.

Allerdings verengt das Tal sich wieder beim Erreichen des Flusses in den Taunusquarzit des Hunsrücks. Der letzte Weg der Saar führt durch Rheinland-Pfalz. Auf 31 Kilometern präsentiert sie sich von ihrer schönsten Seite, bis sie in Konz in die Mosel mündet. Hier befindet sich auch die „kleine Saarschleife" bei Hamm.

Kennzeichnend für den Abschnitt zwischen Saarburg und Konz sind

Eine echte Steillage ist der Altenberg bei Kanzem

Der Saar-Kohlen-Kanal kreuzt bei Sarralbe das Flüsschen Albe.

zahlreiche Flussschleifen. Bemerkenswert: Einst floss die Mosel bei Wiltingen gegen die heutige Flussrichtung der Saar, jedoch 85 Meter höher.

Auf diesen letzten Kilometern fließt die Saar an ihren weltberühmten Weinbergen vorbei. Hier regieren die devonischen Schieferböden in den Weinbergen. Das kühle Klima der Saar ist eine weitere Voraussetzung, um diese einmaligen Weine der Natur abzutrotzen.

Blick in die letzte Mühle an der Saar,
die mit Wasserkraft betrieben wird.

■ DER LETZTE MÜLLER AN DER SAAR

Ich fahre in die Nähe von Sarre-Union, nach Harskirchen. Hier sind die Ufer der Saar mit dichtem Schilfrohr umrahmt und der Fluss fließt in zahlreichen Windungen durch das flache Land. Ursprünglich. Natur pur.

Wir steuern heute das verschlafene Dorf Harskirchen an. Nicht weit von Sarre-Union. Dort betreibt Familie Roeser die letzte Mühle an der Saar. Am Wochenende schließen die Roesers dann noch ihr kleines Restaurant gegenüber der Mühle auf. Dort gibt es dann überwiegend Flammkuchen und Pizza. Sie sind aber flexibel, fragen Sie einfach, was noch so auf der Speisekarte steht.

Die Geschichte der Mühle geht auf das Jahr 1532 zurück. In diesem Jahr wurde sie gebaut. 1713 wurde sie völlig renoviert und umgebaut. Fürst Heinrich von Nassau-Usingen-Saarbrücken hatte diese Arbeiten in Auftrag gegeben.

1921 kaufte der Urgroßvater der heutigen Betreiberfamilie die Mühle. Er erweiterte sie um zwei weitere Stockwerke. Er modernisierte alles und konnte nun auf vier Stockwerken arbeiten. Auf jedem Stock sind Maschinen zu finden, jede verrichtet eine andere Arbeit. Der Holzmechanismus der Mühle ist unverändert seit 1921. Roger und Ariane Roeser sind die dritte Generation der Familie Roeser, die von der alten Mühle lebt. Sohn Philippe arbeitet schon seit geraumer Zeit mit. Seine Eltern sind froh, dass er eines Tages die Mühle übernehmen wird.

Roger Roeser erzählt mir, dass es in Frankreich an der Saar vor nur einigen Jahrzehnten noch elf Mühlen gab. Doch, sie sind heute die Einzigen, die eine Mühle mit Wasserkraft betreiben. Er selber kam schon sehr jung zu seiner Profession. Sein Großvater stand noch mit 86 Jahren in der Mühle. Kurz später war er tot. Roger Roeser ging vorher bei ihm in die Lehre. Jetzt musste er die Arbeit übernehmen. Er war damals einer der jüngsten Müller Frankreichs. Noch keine 20 Jahre alt.

Das gewaltige Mühlrad dreht sich sieben Tage die Woche. Wir stehen am Geländer, oberhalb des Wehrs und schauen den Wassermassen zu, die Richtung

Die Geschichte der Mühle von Roger Roeser
geht auf das Jahr 1532 zurück.

Mühlrad fließen. Das Rad ist aus Eisen, die Schaufeln sind aus Holz. Alle zwölf Jahre wird das Holz gewechselt. Das Mühlrad, im Frontbereich offen, ist von einer dicken Mauer umgeben, die den Schall dämpft. In Strömen fließt das Wasser zum Mühlrad. Ich schaue rüber zur Saar, im Hintergrund eine ursprüngliche Landschaft mit grünen Wiesen. Roger Roeser zeigt mir auf der Achse des Mühlrades ein großes Zahnrad. Dieses überträgt die Wasserkraft auf das Räderwerk des Generators. So wird aus Wasserkraft Strom.

Vor der Mühle stehen zwei große Getreidesilos. Ein dickes Rohr verbindet die Silos mit der Mühle. Dieses Rohr führt zum Mühlstein, von einer kleinen Rolle werden die Weizenkörner hier erfasst und zermahlen. Durch Einsatz unter-

Der Müller Roger Roeser

schiedlicher Rollen erhält der Müller dann seine unterschiedlichen Mehltypen. Durch ein weiteres Rohr wird das gemahlene Mehl nach oben geleitet und in unterschiedlich große Säcke und Tüten zum Verkauf abgefüllt. Etwa 5.000 bis 6.000 Stufen legt Roeser täglich zurück.

Familie Roeser mahlt nur Weizen. Dieser kommt von Bauern aus der Umgebung. Im Winter ist es etwas mehr Arbeit als im Sommer, erzählt der Müller. Das Mehl hat nichts mit einem Industrieprodukt gemein. Es wird in der letzten Mühle an der Saar durch Wasserkraft und Handarbeit hergestellt. Roeser macht drei Typen Mehl, die unterschiedlich sind: 405, 550 und 650. Das feinste ist Typ 405, geeignet für Gebäck und Kuchen. 550 und 650 sind für die Bäckereien,

Verkaufsregal im Mühlenladen

da es grober ist. Daraus machen die Bäcker unterschiedliche Teige, etwa für Baguette.

Die Müllerfamilie beliefert Bäckereien, Metzgereien und ein paar größere Geschäfte in der Gegend, die ihr Mehl verkaufen. Außerdem beliefern sie auch ihre Direktkunden im Umkreis.

Das kleine Restaurant wurde 1994 eröffnet. Mit einem alten Ofen, in dem die Pizzen und Flammkuchen gebacken werden. Im Restaurant werden Sie von Ariane Roeser und freundlichen Mitarbeiterinnen umsorgt. Roger Roeser steht selber am Ofen und backt die herrlichen Pizzen und Flammkuchen. Das lässt er sich nicht nehmen! Manchmal werden auch kalte Platten und geräucherte Forellen angeboten. Doch, die Kunden lieben hier den „Flamm". Ganz traditionell mit Crème fraîche, Zwiebeln und Speck. Aber auch in einigen anderen Varianten, etwa mit Munster. Acht Flammkuchen-Varianten stehen auf der Karte, darunter mit Äpfeln und Äpfeln plus ein Schuss Calvados. Wir probierten die Tarte flambée und die Variante mit Munster. Sehr gut! Wer keinen Flamm möchte, hat die Auswahl zwischen zwölf Pizzen.

Wie ist die Besucherstruktur? Roeser lächelt: „Es kommen auch sehr viele Deutsche zu uns. Aus der Gegend von Saarbrücken, aber auch viele aus der Homburger Ecke. Franzosen kommen von Metz bis Straßburg." Kurz nach neunzehn Uhr waren die Hälfte der etwa 60 Sitzplätze besetzt. Tendenz: schnell steigend.

Nur ein paar Meter weiter fahren viele Hausboote auf dem Kanal vorbei. In den 1990er-Jahren schickte der damalige Schleusenwärter viele Touristen zur Mühle. Heute gibt es ja keine Schleusenwärter mehr, es funktioniert alles elektrisch. Früher wurde noch mit der Hand gekurbelt. Und manchmal rief er bei Roeser an, ob Touristen die Mühle besichtigen könnten. In der Zeit kam aus Saarbrücken auch ab und zu ein Hotelschiff vorbei, die Centurion. Mit zehn bis zwölf Kunden. Der Besitzer des Schiffes bat darum, Essen und Trinken in der Mühle anzubieten. So entstand das Restaurant. Erst klein, dann aber immer größer. „Wenn das damals nicht verlangt worden wäre, hätten wir heute kein Restaurant", sagt Roger Roeser dankbar. Von seiner Mutter lernte er, wie man Flammkuchen zubereitet. Und auch gutes Brot backen. Und auch die geräucherten Forellen zuzubereiten. Ab 1994 hatten sie eine Konzession.

In den Büchern, die die Bootstouristen mitführen, steht mittlerweile ein Hinweis auf die Moulin du Willer.

Bei der Weinkarte gehen die Gastgeber hier folgendermaßen vor: die Weißen stammen aus dem Elsass, die Roten aus anderen Gebieten Frankreichs. Aus dem Elsass verkaufen sie hier von der Domaine Fritz aus Sigolsheim einen Weißburgunder, einen Riesling und einen Grauburgunder.

Die Roten stammen aus sehr interessanten, wenn auch weitgehend unbekannten Weinanbaugebieten: aus Saint Chinian in Südfrankreich oder aus der Vaucluse. Roséweine gibt es auch aus diesen Anbaugebieten sowie aus Bordeaux, aus dem Elsass und der Provence. Die Preiskalkulation ist bei allen Weinen sehr kundenfreundlich.

Zum Schluss erzählt Roger mir noch von einem ganz speziellen Hobby. Er geht mehrere Male die Woche in die Saar schwimmen. Seit seiner Kindheit. „Ich war die Tage noch drin. Da hatte die Saar gerade 14 Grad", lächelt mich der Müller an. Das macht er sein ganzes Leben schon von Mai bis Mitte Oktober.

Bevor wir zurückfuhren, kaufte ich mir noch Mehl. Dann bekam ich mit, dass Sohn Philippe Weihnachtsgebäck gestern gebacken hatte. Also, auch noch Weihnachtsgebäck, bitte!

Der Etang de Lindre

■ DIE LOTHRINGISCHE SEENPLATTE

In ganz Ostfrankreich gibt es zahlreiche Seen. Manche dienen dem Freizeittourismus, andere sind geschützte Naturschutzreservate. Doch bleiben wir mal in der Gegend um Sarrebourg. Sollten sie dort vorbeikommen, müssen sie unbedingt in die Chagall-Kirche an der Place des Cordeliers. Sie werden die Kirche bestaunen! Einige Seen sind durch Kanäle verbunden. So treffen sich der Saarkanal und der Canal de la Marne au Rhin im See von Gondrexange.

Neben vielen kleinen Seen, Weihern und Tümpeln gibt es in dieser Gegend fünf große Seen, die ursprünglich ab dem Mittelalter als Fischteiche angelegt wurden. Im 19. Jahrhundert baute man die Seen weiter aus, zur Wasserregulierung der Kanäle. Der Étang de Gondrexange wurde damals bei diesen Baumaßnahmen vergrößert und dient seitdem als Wasserreservoir für die beiden Kanäle. Hier am See wird geangelt, geschwommen und gesegelt. Um den See herum führt ein schöner Wanderweg, der mittels einer Brücke auch den Canal de la Marne au Rhin quert. An der

Südostecke des Étang de Gondrexange liegt der Ort Gondrexange. Der Radweg von Saarbrücken nach Strasbourg führt hier am Étang de Gondrexange vorbei.

Lauschige Weiher in einer beeindruckenden Naturkulisse prägen die Gegend. Heute sind die Seen von Stock mit 750 Hektar, Gondrexange mit 770 Hektar und Mittersheim mit 255 Hektar beliebte Urlaubsgebiete. Etwas ruhiger geht es am Étang von Réchicourt und am Étang de Lindre zu.

Der ruhigste See ist der Étang de Lindre, ein Naturschutzgebiet. Im Naturschutzgebiet um den Étang de Lindre schwimmen seit dem Mittelalter Fischarten wie Hechte, Barsche, Karpfen, Schleien und Plötze. Manche Restaurants in

Der Bootsverleih im Hafen vonHesse

Auf der Saar kann man auch mit dem Boot Urlaub machen. In Frankreich ohne Bootsführerschein. Eine Einweisung gibt es aber.

dieser Gegend haben diese Arten auf der Speisekarte. Aber auch Wild aus den Vogesen. Dieses artenreiche Ökosystem bietet darüber hinaus 250 Vogelarten Lebensraum, sowie seltenen Amphibien und Reptilien.

In ihrer abwechslungsreichen Geschichte gehörte die Domaine du Lindre einmal zum Besitz der Herzöge von Lothringen, ein andermal zu dem der Könige von Frankreich. Mit ruhiger Wasserfläche, hohem, dichten Schilf, üppigen Wäldern und saftigen Wiesen – hier ist die Welt noch in Ordnung!

Der Getreideanbau profitierte von diesem Schlemmlandboden. Denn, wenn die Seen in regelmäßigen Abständen abgelassen werden, bauen die Bauern im frei-

gelegten Seeboden Getreide an. Früher schaffte man es so, die Ernte zu vergrö-
ßern.

In den ausgedehnten Wäldern um Fénétrange und Réchicourt spenden knorri-
ge Eichen und imposante Buchen Schatten bei ausgedehnten Spaziergängen.
Das Fachwerkhaus war in der Gegend die traditionelle Bauweise bis zum 18.
Jahrhundert. Viele dieser Häuser wurden hier liebevoll restauriert.

Am Étang de Lindre in Lindre-Basse können Sie einen Ausstellungspavillon, Le
Pavillon des Expositions, und in Tarquimpol das Haus des Landes der Seen, la
Maison du Pays des Étangs, die Informationen über die Seen gerne weiterge-

ben, besuchen. Das sollten Sie unbedingt machen, denn dieser See hat einen
besonderen Zauber. In den beiden erwähnten Häusern bekommen Sie auch
wichtige Information über Flora und Fauna. Der See hat eine Fläche von sechs
Quadratkilometern und lädt zu langen Spaziertouren ein. Seit 2003 ist ein Gebiet mit über 5.000 Hektar Fläche als „Natura 2000-Schutzgebiet" ausgewie-
sen. Der Étang de Lindre ist der Weiher der Weißstörche. Schon sehr früh im
Frühjahr findet man hier unzählige Exemplare der Vögel.

Hausboote können Sie hier überall mieten. Etwa in Hesse, in Lagarde, Mittersheim und Niderviller. Die Landschaft ist eine Besondere: sehr beeindruckend
und ein Hausbooturlaub wirkt entschleunigend. Links und rechts finden Sie

Zur herbstlichen „Fête de la Grande Pêche"
wird auf dem Étang de Lindre traditionell
mit großen Netzen gefischt.

auch gute Restaurants, Hofläden oder Bauernhöfe, um Viktualien zu kaufen, wenn Sie selber auf dem Boot kochen. Deshalb ist es auch immer gut, Fahrräder an Bord zu haben.

Der Étang de Mittersheim gehört zur lothringischen Seenplatte. Er hat einen Hafen in Mittersheim, der als Wasserreservoir für den Kanal dient. Am Stock-weiher und am Mittersheimer Weiher gibt es Wochenendsiedlungen für Touristen. Manche residieren hier im eigenen Haus. Ein Feriendorf existiert in der Nähe von Gondrexange am gleichnamigen See.

Auf der einen Seite des Mittersheimer Weihers liegt der lärmende Camping-platz. Die andere Seite des Sees, am Saarkanal, finde ich viel schöner. Da wan-dern Sie an alten Schleusenhäusern vorbei. Hinter einem dieser kleinen Schleu-senhäuser liegt, mitten im Wald, ein weiterer kleiner Weiher. Wunderschön, um sich hier niederzulassen und entspannt ein Buch zu lesen.

Etwas südlicher, etwa fünf Kilometer weiter, liegt der Stockweiher. Über diesen See gibt es Nachweise bis zum 14. Jahrhundert. Auch er dient seit 1920 als Wasserreservoir für den Kanal. Der Stockweiher ist der zweitgrößte künstlich angelegte See in Lothringen. Größer ist nur der Lac de Madine, westlich von Metz. Und hier gibt es zahlreiche Menschen, die sich ein kleines Boot ange-

Der Étang der Lindre strahlt eine magische Ruhe aus.

schafft haben. Um etwa von Diane-Capelle nach Rhodes zum Essen zu fahren. Oder umgekehrt. Habe ich auch schon gemacht.

Wassersport wird hier großgeschrieben. Die Segelklubs haben ein breites Angebot, auch für Kinder und Jugendliche. Viele Blau- und Grüntöne in den unterschiedlichen Seen prägen diese Landschaft.

In den Wochenendsiedlungen habe ich hier auch im Laufe der Jahrzehnte gelernt, wie gerne Deutsche Rasen mähen. Während andere betrachten, entspannen, entschleunigen, entdecken, wandern, tauchen, angeln oder lieben es auf Seen und Flüssen dahinzugleiten, frönen die Landleute dem Rasenschnitt!

Der Saarkanal übrigens durchquert den Stockweiher auf einem Damm. Es ist ein beeindruckendes Bild, die Schiffe zu beobachten. Der Stockweiher bietet einiges an Touristischem. Anderseits haben sich hier viele Deutsche niedergelassen, um Ruhe und Entspannung zu finden – trotz Mäharbeiten!

Der Étang de Réchicourt entstand im 19. Jahrhundert beim Kanalbau. Der Kanal führt durch diesen See. Hier ist es etwas ruhiger als an den größeren Seen. Ende des Jahrtausends war dieser See sehr beliebt bei saarländischen Musikern und Lebenskünstlern. Jedes Wochenende im Sommer verabredeten sie sich hier.

Das Gold Lothringens: Mirabellen

■ MIRABELLEN

Lothringen ist das Mirabellenland. Nirgendwo sonst in einer Region auf diesem Planeten wachsen so viele Mirabellen wie in Lothringen. Die Mirabelle ist die Königin Lothringens. Nahezu 400.000 Mirabellenbäume stehen in dieser besonderen Landschaft Frankreichs. Mindestens 70 Prozent der weltweiten Mirabellenernte jährlich hängt auf den Bäumen in Lothringen. 25.000 Mirabellenbauern, hauptberuflich und nebenberuflich, lieben ihre Arbeit. Im April beginnt die Blüte, im Hochsommer ist die Landschaft goldgelb eingefärbt und im August ist Ernte. Von den Hängen und Hügeln Lothringens schaut man weit ins Land und sieht überall diese kultivierten Mirabellenbäume. Bis zum Horizont.

Die Mirabelle, manchmal auch als gelbe Pflaume tituliert, ist eine Unterart der Pflaume. Sie hat einen Durchmesser von etwa drei Zentimetern, ist gelb oder grün. Sie ist eher eiförmig und das Fruchtfleisch schmeckt betörend gut!

Seit 1947 feiert die alte Bischofsstadt Metz im August ihr Mirabellenfest. Hier wird auch die jährliche Mirabellenkönigin gekrönt. Die Königin fährt dann mit einem bunt geschmückten Wagen durch die Stadt. Dies ist dann der Abschluss zweier Wochen, die im Zeichen der Mirabelle standen.

Als „Mirabelle de Metz" und als „Mirabelle de Nancy", die größere von beiden, hat die goldgelbe Frucht Lothringen erobert. Beide Sorten schmecken mir besonders gut. Andere Sorten sind die Flotow, bei ihr ist Erntezeit schon im Juli und Corny, die spät reift, die im September geerntet wird.

Seit dem 15. Jahrhundert werden hier Mirabellen angebaut, Belege reichen zurück bis 1490. René von Angers brachte die Mirabellen nach Lothringen. Ihn nennen die Franzosen heute noch „le bon Roi", „der gute König". Er importierte

Mindestens 70 Prozent der weltweiten Mirabellenernte jährlich hängt auf den Bäumen in Lothringen.

die Frucht aus Asien. Der Legende nach kam er damals nach Metz und pflanzte dort die ersten Mirabellen in Lothringen. Für Lothringen steht die Mirabelle als Botschafterin wie sonst nichts.

Das Geheimnis, warum dies in Lothringen so gut klappt mit der gelben Pflaume, sind das Klima und ein kalkreicher Lehmboden. Dazu braucht der Mirabellenbauer Geduld, denn erst nach sieben Jahren trägt der Baum verwertbare Früchte. Darunter verstehen sie hier richtig reif, goldgelb, duftend und zuckersüß! Viele Menschen, die Mirabellen lieben, essen sie frisch in den Obstgärten. Darauf warten viele das ganze Jahr. Es ist einfach ein unbeschreibliches Geschmacksgefühl unter der dünnen Haut in das zuckersüße, wohlschmeckende Fruchtfleisch zu beißen. Ich kenne das sehr gut. Ich fahre jetzt schon viele Jahrzehnte durch Lothringen. Wenn ich im August an einer Mirabellenplantage vorbei komme, halte ich an. Dann nehme ich mir zwei, drei Mirabellen vom Baum und das Glück ist mein Begleiter. Anders machen es hier die Bauern. In Erntezeiten ist in Lothringen Ausnahmezustand. Was früher viele Hände schaffen mussten, machen heute die Erntemaschinen. Zwei Greifarme rütteln heftig an den Stämmen. Ein Wimpernschlag und die goldgelben Früchte liegen in den vorbereiteten Netzen am Boden.

In guten Jahren ernten sie hier 15.000 Tonnen Mirabellen. Auf den Märkten werden sie dann als Mirabelles de Lorraine verkauft. Oder am Rande der Obstplantagen im Direktverkauf angeboten.

In der Mirabellenzeit gibt es in Lothringen kein Halten mehr. Mit der gesamten Kreativität des Landes werden dann Mirabellen verarbeitet. Natürlich backen viele Familien ihre Mirabellentartes nach überliefertem Rezept. So, wie es Großmutter schon kannte. Doch, wer in französischer Nachbarschaft aufwuchs wie ich, weiß, das ist noch lange nicht das Ende der Fahnenstange. Mirabellen gibt es dann als Kompott, Konfitüre, Madeleines, Bonbons, Plätzchen, Sirup, Mirabellensaft oder als Seife, Öl und selbst als Parfüm. Und die zahlreichen Edelbrenner frohlocken. Denn sie machen Liköre und Eaux-de-Vie aus der königlichen Frucht! Im Hause Klöckner gab es sicherlich kein Weihnachtsfest der letzten 30 Jahre, wo zum Digestif dieser Zaubertrank nicht serviert wurde. Denn im Winter gibt es in Lothringen zahlreiche Märkte, die mit besonderen Händlern

glänzen. Etwa im Dezember in Phalsbourg, dort kaufe ich immer meine zu flüssigem Gold gewordenen Mirabellen ein.

Ganz zu schweigen, was die besten Köchinnen und Köche des Landes mit der Mirabelle anstellen. Ob als Vorspeisebegleiter bis zum Dessert, die Königin schmeckt immer! Ob süß oder herzhaft, in einer montierten Sauce oder zum Hauptgang, Mirabellen können Wunder vollbringen! Da sind der Kreativität keine Grenzen gesetzt. Mirabellenspieße zum Aperitif, Mirabellensauce zum Wild, Mirabellenschaum an einem regionalen Fischfilet wie Saibling, Teil eines Salates oder eine Dessertvariation der Mirabelle. Selbst der deutsche Drei-Sterne-koch Thomas Schanz aus Piesport an der Mosel servierte mir einst: „Frikassee von gegrilltem Hummer und Kalbskopf, mit Annabelle-Kartoffeln, Minze und Mirabellen-Hummer-Bouillon."

■ ZWISCHEN ELSASS UND LOTHRINGEN – WEINE UND DER BESONDERE MARKT

Weine in Lothringen

Die Weine aus Lothringen wachsen nicht an einer langen Weinstraße, wie das andernorts üblich ist. Weine aus Lothringen stammen von der Meuse, der Mosel, der Seille und rund um Toul. Die Weine der Côtes-de-Meuse werden auf rund 35 Hektar Rebfläche in 15 Weindörfern produziert. Hier werden, im Gegensatz zu den anderen lothringischen Weinregionen, auch die Rebsorten Chardonnay und Aligoté kultiviert. Nur um Metz gibt es eine kleine Weinstraße, mit einladenden Winzerdörfern.

Die lothringischen Weine wachsen im Pays des trois Frontieres, im Dreiländereck von Frankreich, Luxemburg und Deutschland. Rund um Sierck-les-Bains, in der Metzer Gegend und an der Seille. Dies betrifft das Département 57, Moselle. Die Weine rund um Toul wachsen im Département 54, Meurthe et Moselle. Hier bauen sie vor allem die Rebe Gamay an. Die Rebe des Beaujolais. Allerdings machen die Winzer rund um Toul leichte Rosé-Weine daraus. Den Gris de Toul, seiner grauen Farbe wegen.

Wobei es eine Ausnahme in der Metzer Gegend gibt: Das Weindorf Arnaville liegt schon im Département Meurthe et Moselle.

Wenn man Winzer im Dreiländereck besucht, erlebt man Überraschendes. Da hat ein Luxemburger Winzer auch mal eine Parzelle in Deutschland. Oder ein deutscher Winzer eine Parzelle in Lothringen. Und umgekehrt. Vive L'Europe!

Nach vielen Jahren großer Anstrengungen der Winzer erhielten zwei Weinregionen die geschützte Herkunftsbezeichnung AOC, 1998 Côtes de Toul und 2011 Les Vins de Moselle. Dieses Gütesiegel ist in Frankreich sehr bedeutend. Das bekommen nur Weinbaugebiete in Frankreich, die Qualität produzieren!

Eine lange Tradition hat der Weinbau in Lothringen. Die Römer brachten die ersten Reben hierher. Im 19. Jahrhundert wütete auch hier die Reblaus. Zusätzlich mehrere Kriege sowie die Industriealisierung. In Bergwerken und Stahlwerken ließ sich mehr Geld verdienen als mit dem Weinbau. So erlebte der Weinbau schwere Jahrzehnte.

Erst im 21. Jahrhundert machte man hier richtig Fortschritte im Weinbau. Mittlerweile finden sich auch wieder große lothringische Weine auf den Weinkarten der Spitzenrestaurants. Sie sind auch bei Weinfreaks wieder angesagt!

Auxerrois, Elbling, Gamay, Müller-Thurgau, Pinot Blanc, Pinot Gris, Pinot Noir und Gewürztraminer sind die Rebsorten, die Sie in Lothringen finden. Für eine französische Region nichts ungewöhnliches, bis auf eine Rebsorte: Müller-Thurgau. Diese Rebe ist eine Züchtung aus Riesling und Silvaner. 1882 vom Schweizer Hermann Müller-Thurgau in Geisenheim im Rheingau gezüchtet. In Deutschland kommt sie auch unter dem Namen Rivaner auf den Markt.

Die Weingärten an den Hügelflanken des Moselufers im Tal von Sierck-les-Bains wachsen in den Gemeinden Sierck-les-Bains, Contz-les-Bains et Haute-Kontz.

Rund um Metz heißen die Weinbaugemeinden: Ancy-sur-Moselle, Arnaville, Ars-sur-Moselle, Dornot, Féy, Jussy, Lessy, Lorry-Mardigny, Marange-Silvange, Marieulles, Novéant-sur-Moselle, Plappeville, Rozérieulles, Scy-Chazelles et Vaux.

Im Süden des Départements Moselle wachsen Weine an der Seille, und zwar in der Gemeinde Vic-sur-Seille.

Die Weine im Département Moselle verfügen über das AOC-Gütesiegel, sie sind das Ergebnis einer bewundernswerten Entwicklung der moselländischen Winzer und werden heute in guten Restaurants serviert.

Meine ersten Moselweine in Lothringen, die mir im Gedächtnis blieben, stammten aus Vaux, Lessy, Plappeville, Jussy, Rozérieulles und Vic-sur-Seille.

Mit Brigitte Schmitt und Sommelier Loïc Baldi

Weine im Elsass

Während in andern Weinregionen auf demselben Untergrund angebaut wird, ist dies im Elsass anders. Da gibt es etwa Winzer, die zwei besonders erfolgreiche Grand Cru-Lagen besitzen. Doch diese beiden Weine wachsen auf völlig unterschiedlichen Böden. So führen die Vielfalt der Böden und das Mikroklima zu sehr unterschiedlichen Weinen im Elsass.

Deshalb ist auch ein Ziel aller Winzer im Elsass, die richtige Rebsorte auf dem richtigen Boden anzubauen. Riesling, Muscat, Pinot Gris, Pinot Blanc, Sylvaner, Gewürztraminer und Pinot noir sind die reinsortigen Flaggschiffe des elsässischen Weinbaus. Edelzwicker, Crémant d'Alsace und regionale Besonderheiten ergänzen den Rebenanbau in dieser Region. Auf etwa sechs Prozent der Anbaufläche werden Auxerrois, Chasselas, der Klevener de Heiligenstein und andere Besonderheiten angebaut.

Die Weine sind in ihrer Aromatik sehr unterschiedlich. Auch in ihrer Stilistik. Das hängt natürlich immer vom Winzer ab. Doch das ist auch das Besondere hier. Es gibt unendlich viel zu entdecken!

Die elsässische Weinkultur beginnt im Norden, da, wo die Deutsche Weinstraße in Deutschland endet. In Frankreich finden Sie Wissembourg und sein besonderes Kulturerbe, das wunderschöne Hunspach und Cleebourg. Im achten Jahrhundert bereits wurden hier Weinreben gepflanzt!

Die Elsässer Weinstraße beginnt südlicher. Der Elsässische Tourismusverband weihte sie am 30. Mai 1953 ein. Zwei Autokonvois fuhren einander entgegen. Einer von der südlichsten Winzergemeinde Thann, der andere aus Marlenheim im Norden.

Von Marlenheim bis Molsheim erstreckt sich das Weinbaugebiet rund um Strasbourg. Allein dieser Abschnitt wird Sie mit besonderen Weinlandschaften, herrlichen Obstgärten und einem besonderen Kulturerbe empfangen.

Südlich von Strasbourg, Richtung Colmar, erwartet Sie das Weinbaugebiet „Herz des Elsasses". „Coeur d'Alsace" sagen die Menschen in Frankreich dazu. Imposante Burgruinen, bemerkenswerte religiöse Bauten, Weinberge, die sich rund um ein kleines Weindorf breit erstrecken, prägen das Bild hier. Genau in dieser Gegend finden Sie den Heiligensteiner Klevener.

Ein Meer von Reben und imposante Höhen erwarten Sie rund um Colmar. Blumenkästen an den Fenstern, malerische Weindörfer, mittelalterliche Gassen. Elsass pur.

Bei Thann grüßen dann die höchsten Gipfel der Vogesen. Romanische Architektur, kleine Bergseen und eine unvergessliche Landschaft. Auch hier werden fantastische Weine besonderer Winzer produziert. Dies gilt allerdings für alle Abschnitte der elsässischen Weinstraße.

Mich haben das Elsass und seine Weine schon in meiner frühsten Jugend angesprochen. Bis heute trinke ich gerne ein Glas Muscat als Aperitif. Das wird auch mein Leben lang so bleiben! Es ist die Vielfalt hier, die eine Besondere ist. Je nachdem was auf dem Tisch zu essen steht, findet sich immer ein besonderer Wein dazu. Ich weiß nicht, bei wie viel Winzern ich im Elsass im Keller war. Ich weiß aber, sie haben mich mit ihren Tropfen immer wieder überrascht. Und das Schöne hier, in ihrer Stilistik sind viele Winzer hier sehr unterschiedlich und überraschend. Sie denken: Nein, diese fetten Gewürztraminer lasse ich in Zukunft weg. Das erzählen Sie einem Koch, den Sie gut kennen. Er stolziert dann in seinen Weinkeller und bringt Ihnen einen Gewürztraminer. Und, wie schmeckt dieser? Nicht fett, das Wort filigran fällt mir bei dieser Rebsorte schwer. Ist aber so…

Die Weine, die Ihnen selber am besten schmecken, muss aber jeder selber finden! Dazu haben Sie im Elsass ein großes Angebot. Sollten Sie keinen Schimmer haben, hilft natürlich ein elsässischer Weinführer. Und vor allem: viel verkosten!

Ich machte meine ersten Erfahrungen mit guten Weinen im Elsass in den Winzergemeinden Bergheim, Kaysersberg, Wintzenheim, Dambach-la-Ville, Mittelbergheim, Turckheim, Rorschwihr, Eguisheim und Rouffach. Doch heute sind das erheblich mehr geworden.

Was jeder mal erleben sollte, ist ein Besuch in einer elsässischen Winstub. Am besten in dem Dorf, in dem Sie vorher einen Winzer besuchten. Denn die Einheimischen kennen sich natürlich am besten aus. Und wenn es ein sehr guter Winzer ist, gibt es natürlich in jeder guten Winstub in der Gegend seine Weine.

Dann gibt es nichts Schöneres, als ein großes Brett Flammkuchen zu bestellen und Überraschendes zu trinken. Der Flammkuchen kommt mitten auf den Tisch und jeder nimmt sich. Unvergessliche Erinnerungen!

Der Gänsemarkt in Phalsbourg

Wenn es Dezember wird, ist ein Termin klar: Der Gänsemarkt in Phalsbourg, immer am dritten Advent. Manchmal noch dazu auch am zweiten, manchmal am vierten Advent. Das hängt von dem Tag ab, auf den Weihnachten fällt. Also immer an zwei Wochenenden.

Der Anfang dieses Marktes, um die Jahrtausendwende, war etwas holprig, hatte nichts mit der Präsentation in heutigen Zeiten zu tun. Patrick Bertin war Aussteller der ersten Stunde und erinnert sich: „Beim ersten Markt waren wir noch keine zehn Aussteller. In zwei, drei Ölfässern machten wir Feuer und stellten unsere Tische auf der Place des Armes auf. Es gab Gänseleber, Wein, Brot und Edelbrände."

Lange schon findet der Gänsemarkt in der Kulturhalle „Salle Vauban" statt. Ich bin auf diesem Markt seit Jahrzehnten treuer Kunde. Warum? Weil die Mischung der vertretenen Händler hier stimmt. Hier ist die Auswahl riesengroß, größer als anderswo. Und dies bei sehr hoher Qualität.

Jährlich zahlen rund 10.000 Besucher den Eintritt von ein paar Euro, um sich für das Weihnachtsfest mit diesen einmaligen Viktualien zu versorgen. Schon beim Betreten des Marktes riechen Sie die Leckereien für Zunge und Gaumen. Es duftet nach Gewürzkuchen, nach frisch gebackenen Plätzchen, es riecht nach Rohmilchkäse, nach Lothringer Trüffeln, Schokolade, Honig und Ölen. An den Ständen mit Foie Gras und anderen Leckereien des lothringischen und elsässischen Metzgerhandwerks herrscht Hochbetrieb.

Teil der Klientel hier sind Deutsche, die diese Qualität und diese Vielfalt in ihrer Heimat auf den Gourmetmärkten so nicht finden. Man trifft mittlerweile eine Menge Bekannte und Freunde hier, es ist immer Zeit für ein kleines Schwätzchen bei einem Glas Champagner.

Oft war die Anreise bei dichtem Schneetreiben oder wolkenbruchartigen Unwettern etwas abenteuerlich. Doch wenn wir dann da waren, spazierten wir durch unser kulinarisches Paradies und waren einfach nur glücklich!

Wenn Sie durch die Halle schlendern, treffen Sie am Champagnerstand die üblichen Verdächtigen, alle mit einem Teller von zwölf Austern vor sich. An den Ständen des lothringischen und elsässischen Genusshandwerks herrscht Ausnahmezustand. Ich koste hier Wildschweinterrine und Hasenterrine, einen kastrierten Hahn, einen Kapaun, in Französisch Chapon, gibt es auch. Zum Mitnehmen für die Weihnachtsfeiertage.

Das wird dauern, denn überall wird vorher probiert, die Neuigkeiten erzählt und probiert.

Manche erfreuen sich an dem fantastischen Brot und dem Mann, der aus dem Comtois angereist ist. Er verkauft Käse, den weltberühmten Comté! Da darf das Stück auch schon mal etwas größer sein. Die Phalsbourger Gastronomen haben mobile Restaurantküchen aufgebaut. Den ganzen Tag bringen sympathische, junge Servicekräfte eine winterliche Suppe, Gans, Entenbrust oder Gänsestopfleber an die Tische. Keine Hochküche, aber ein fantastisches Preis-Genussverhältnis! Wie in einer guten Brasserie in Strasbourg oder Metz. Die Weine sind exzellent, die Preise sehr fair. Große Tropfen aus Frankreich, ich habe selten mehr als 25 Euro für die Flasche dieses herausragenden Stoffs bezahlt. Dort läuft es richtig rund, eine Gruppe steht auf und die nächste ergattert sich die begehrten Plätze.

Immer wieder gibt es neue Infos über die Hallenlautsprecher: ein Schaukochen hier, eine Verprobung dort. Am Samstagnachmittag wird es meistens eng. Busse aus Köln, Karlsruhe, Saarbrücken und Trier stehen an der Halle. Am Bierstand treffe ich drei saarländische Köche. Es entwickelt sich ein lustiges Gespräch. Sie nutzten ihren freien Mittag, um hier ein paar schöne Stunden zu verbringen. Danach bestellen wir uns auch mal einen Gänsebraten. Am Tisch entwickelt sich ein amüsantes Gespräch mit einem Ehepaar aus Schwäbisch-Gmünd. „Ja, wir bleiben heute auch über Nacht in Phalsbourg", sagt Christian, ein Ingenieur. „Wir wollen das hier auskosten. Auto fahren ist heute nicht mehr." Recht hat er, so kann er sich morgen früh kurz nach der Eröffnung gegen elf die frischen Viktualien vor der Heimfahrt besorgen.

Nach dem Essen treffen sich alte Bekannte am Stand von Patrick Bertin, der mit seiner Distillerie du Castor feinste Edelbrände anbietet. Im Winterprogramm hat er dazu noch Likör aus Schokolade, Trüffeln, Kirschen, Bergamotte und Ingwer. Und noch mehr als 60 andere Produkte!

Doch dann mache ich, bevor ich heimfahre, noch eine Runde Einkauf. Die besten Schnecken hier schmecken unwiderstehlich gut. Auch bei der Confiserie gehe ich dann noch vorbei, dann zu den luftgetrockneten Würsten. Natürlich auch noch, ach, wissen Sie was?

Fahren Sie doch selber hin …

Variationen des elsässischen Flammkuchens

■ ELSÄSSISCHE KÜCHE AN DER SAAR

Vielen Menschen ist das „Krumme Elsass", L'Alsace bossue, bekannt. Es ist der hügelige Teil im Nordwesten unserer Nachbarregion. Wer vom lothringischen Sarreguemines auf der Straße über Rémelfing, Sarreinsming, Zetting und Wittring fährt, immer an Saar und Saarkanal entlang, erreicht Herbitzheim, den ersten Ort im Krummen Elsass. Vier Kilometer hinter der Grenze zwischen dem Elsass und Lothringen.

Die französische Kochbuchautorin Marguerite Spoerlin zitierte in ihrem Buch „La cuisinière alsacienne", „die elsässische Köchin", eine elsässische Weisheit: „En Allemagne, c'est beaucoup, mais ce n'est pas bon. En France, c'est bon, mais ce n'est pas beaucoup. En Alsace, c'est bon et c'est beaucoup." Sie meint also: „In Deutschland sind die Portionen groß, aber nicht gut. In Frankreich isst man gut, aber nicht viel. Im Elsass isst man gut und viel."

Dies mag in der Vergangenheit stärker gegolten haben als heute. Aber, da ist was dran. In den letzten 30 Jahren ist die deutsche Küche deutlich besser geworden. Zum Beispiel verkauft der elsässische Käse-Affineur Bernard Antony aus dem Sundgau an der Elsässisch-Schweizer Grenze mehr seiner hochwertigen Käse nach Deutschland, als er in Frankreich an Restaurants verkauft! Obwohl auch Alain Ducasse mit seinen vielen besonderen Restaurants Kunde bei ihm ist.

Und schon sind wir mittendrin im Thema Elsass. Kaum jemand steht, wie er, für den elsässischen Qualitätsanspruch.

Im Dreiländereck Frankreich-Schweiz-Deutschland wohnt dieser ganz besondere Mann, eine ganz besondere Familie. Sein Sohn Jean-Francois leitet das Fa-

Eric Juving

Familie Juving betreibt in vierter Generation ihr elsässisches Restaurant.

milienunternehmen, welches weltweit agiert. Wenn Feinschmecker den Namen Antony hören, stimmen sie Freudengesänge an! In den besten Restaurants der Welt und an den Tafeln erlesener Kunden stammen die Käse aus Vieux-Ferrette, diesem kleinen Dorf im Sundgau. Unzählige Sternerestaurants in der ganzen Welt beziehen ihre Käse bei Familie Antony. Doch der Grandseigneur Bernard Antony hat schon lange einen weiteren Job: Er ist weltweit am Start als Käsebotschafter! Einer der wichtigsten Botschafter aus dem Hexagone. Immer auf Achse. Die beste Nachricht für alle Liebhaber des Rohmilchkäse: Jeder kann in seinem kleinen Käseladen in Vieux-Ferrette kaufen. Sechs Tage die Woche ist geöffnet. Nur sonntags geschlossen. Schweizer, Deutsche und Franzosen kaufen hier ihren Käse, stehen manchmal bis auf die Straße. Etwa samstags im

Sommer. Natürlich gibt es hier auch das beste Brot aus Paris, von der Bäckerei Poilâne.

Kaum eine Region in Europa hat für ihre Küche so ein Ansehen wie die elsässische Küche.

Elsässische Küche repräsentiert die gastronomische Entwicklung der Region. Die kulinarischen Traditionen des Elsasses haben sich im Laufe von Jahrhunderten mit den deutschen Traditionen verbunden, während der jüdische Einfluss sich insbesondere bei der Verwendung von Gewürzen und der Zubereitung von Fisch bemerkbar macht. Nicht nur Gänsefett, Innereien, Froschschenkel und lo-

kale Weine verleihen der elsässischen Küche ihren eigenen charakteristischen Geschmack.

Diese Küche ist eine Vermählung aus französischer Finesse und deutscher Herzhaftigkeit. In den vielen kleinen Bistrots und Weinstuben finden Sie diese Küche. Die Küche im Elsass ist wahnsinnig vielfältig! Hier heißt es große Schlachtplatten mit Sauerkraut, Würste und Sauerkraut, frittierter Karpfen, Zwiebelkuchen, Hirschpfeffer, Baeckeoffe, Boudin mit Äpfeln, Fasan und noch sehr viel mehr.

Anders sieht es natürlich in den besten Restaurants des Elsasses aus. Da gibt es zwar immer wieder regionale Einflüsse, doch zelebriert wird eine Hochküche!

Bernard Anthony bei einer Käsezeremonie in seiner Fromagerie in Vieux-Ferrete

Auch entlang von Saar und Saarkanal sowie in der gesamten elsässischen Region finden Sie das alles. Schlagworte elsässischer Küche sind Bibeleskäs, ein Kräuterquark, gebackener Karpfen, Choucroute royale, Schlachtplatten, Hirschpfeffer, Schnecken, Froschschenkel, Baeckeoffe oder Forelle Müllerin. Für einige Gerichte verwendet man im Elsass eine Terrine. Mit Deckel. Das ist wichtig. Natürlich aus Soufflenheim und zwar nur von dort!

Elsässische Küche von bester Qualität und außergewöhnlichem Handwerk gibt es auch an der Saar. Familie Juving betreibt seit Generationen dieses besondere Haus in Herbitzheim, bei Sarralbe. Das Elsass vor der Haustüre. Denn hier erwartet Sie ein Familienbetrieb, wie man ihn sich nur wünschen kann! Jean und Caroline führten das Haus viele Jahrzehnte, mittlerweile haben die Söhne übernommen: Stéphane und Eric.

Es ist wundervoll hier. In einem Restaurant, wo sie große Kochkunst zelebrieren. Schlachtplatte oder Vogesensalat etwa als Vorspeise. Natürlich Schnecken,

Lewerknepfle und Mehlknepfle. Ebenso die „Grumbeerkiechle", also Kartoffel-puffer. Diese gibt es natur, mit Käse aus Munster oder mit geräuchtem Lachs.

Die Klassiker hier im Haus sind Choucroute royale, Baeckeoffe und Geflügelbrust mit einer cremigen Sahnesauce. Eine Besonderheit findet immer im November statt. Das hat schon lange Tradition. „Les Cochonnailles", also Schlachtplatten von jungen Schweinen. Mit Wurstsuppe und allem, was man sich so erträumt im Elsass. Aber auch Fisch und Fleisch stehen wöchentlich auf der Karte des Tagesmenus. Alleine deshalb strömen die Stammgäste. Auch etwas aufwendigere Menus für gutes Geld werden angeboten. Darin sind dann Jakobsmuscheln verzeichnet. Auch Königinpastetchen oder ein Teller hausgemachter Produkte. So heißt dieser Teller auch. Selbst die Brezeln backen sie im Juving selber. Im Hauptgang wird dann Ente, Rindersteak oder Wildschwein offeriert, zum Dessert gibt es Profitteroles, karamellisierte Ananas oder Schokoladentörtchen. Ein tolles Haus!

Baeckeoffe ist ein besonderes Gericht aus dem Elsass. Seinen Namen erhielt es vom Backofen des Bäckers. Dorthin brachten früher die Frauen des Dorfes ihre Terrinen, wenn ihnen die Arbeit wenig Zeit zum Kochen ließ, und um die Restwärme seines Ofens auszunutzen. Manche haben mir auch erzählt, es stamme aus der Zeit, wenn die Frauen zum Fluss gingen, um zu waschen. Am Waschtag brachten sie das vorbereitete Gericht zum Bäcker. Um das unbefugte Öffnen der Terrine bis zur Abholung zu verhindern, wurde die Terrine vor der Ablieferung beim Bäcker mit einem Ring aus Brotteig auf dem Deckel versiegelt. Diese Versiegelung diente aber auch dazu, dass die Terrine fast luftdicht verschlossen war.

Typischerweise werden dafür Rind-, Lamm- und Schweinefleisch sowie gegebenenfalls Schweinefüße in trockenem Weißwein mit verschiedenen Gemüsen mindestens zwöf Stunden mariniert und anschließend zwei bis drei Stunden im Ofen zusammen mit Zwiebeln, Kartoffeln, Möhren, Sellerie und Lauch gegart.

Eric Juving macht den Baeckeoffe mit Fleisch vom Schwein, vom Lamm und vom Rind. Er mariniert diese Fleischstücke zwölf Stunden. Dazu gibt er Weißwein, Zwiebeln, Karotten, Lauch, Petersilie, Lorbeerblatt, Thymian, Salz und Pfeffer. In der Terrine vermischt er Fleisch, Gemüse und Kartoffeln, wenn noch etwas Wein fehlt, kommt noch Wein dazu. Und Brühe. Danach stellt er die Terrine für etwa zweieinhalb Stunden in den Backofen. Die Terrine wird mit Teig um den Deckel verschlossen. Dazu reicht Eric Juving selber gemachte Nudeln.

Die Bergamotte. Die Frucht stammte ursprünglich aus Südeuropa.

■ VON BERGAMOTTE BIS REINECLAUDE

Vor vielen Jahrzehnten saß ich mit Freunden im Restaurant „La bonne Auberge" im lothringischen Stiring-Wendel. Wir studierten sehr genau die Speisekarte. Da blieb mein Blick an einem Gericht hängen, welches eine Bezeichnung hatte, die ich noch nicht kannte: Bergamotte. Ich fragte nach, was das sei. Isabelle Egloff, die Chefin, erzählte mir ausführlich, dies sei eine Frucht. Eigentlich aus Südeuropa, aber diese würde auch in Lothringen angebaut. Wir bestellten das Gericht, ein Fischgericht. Ein Potpourri an wohlüberlegten Gewürzen begleitete dieses wundervolle Gericht. Ich schmeckte Estragon, Bohnenkraut, schwarzen Pfeffer und Fleur de Sel. Ich lernte, wie Bergamotte schmeckt. Anstatt mit Limone oder Zitrone war das Gericht mit dieser Frucht angerichtet. Gekocht von ihrer Schwester, der Meisterköchin Lydia Egloff. Das schmeckte sehr gut. Unnachahmlich!

Ich freue mich immer, auf meinen kulinarischen Streifzügen Neues kennenzulernen. Denn diese Welt ist voll

Bergamotte-Bonbons, -Tee und -Seife

mit gutem Geschmack! Man muss ihn aber suchen und darf keine Angst vor dem Unbekannten haben. Das war in meinem Leben nicht nur in Frankreich so. Auch etwa in Italien, Spanien, China oder Afrika entdeckte ich kulinarische Überraschungen, die mir unbekannt waren seinerzeit.

Den Namen Bergamotte merkte ich mir damals. Wie es der Zufall so wollte, war ich ein paar Monate später in Nancy. Ich schlenderte eines Nachmittags durch die Altstadt. An einer Confiserie blieb ich stehen und entdeckte Bergamotte-Bonbons. Im Herzen von Nancy, hier gab es auch Macarons mit Bergamottegeschmack. Die Bonbons waren viereckig, bernsteingelb und durchsichtig. Vom Geschmack her erfrischend und säuerlich. Ich erfuhr, die Herstellung dieser Bonbons existiert hier seit 1857. Diese Bonbons waren die erste französische Süßigkeit, die mit einem geografischen Gütesiegel geschützt sind. Das Haus erhielt sogar die Staatsauszeichnung: „EPV - Entreprise du patrimoine vivant", in Deutsch „Unternehmen des lebendigen Kulturerbes", im Jahre 2012.

So waren meine ersten Erfahrungen mit Bergamotte. Im Saarland hatte ich bis dahin noch nie das Wort Bergamotte gelesen. Weder als Süßigkeit, noch bei einem Kochrezept oder Menuvorschlag. Doch das hat sich im Laufe der Zeit geändert. In der Spitzengastronomie wird sie heutzutge ab und zu schon mal angeboten.

Die Bergamotte stammt aus Italien. Ganz aus dem Süden. Es sind vielleicht 100 Kilometer Küstenstreifen in Kalabrien. Doch wie kam der Baum der Bergamotte nach Lothringen? Dieser Baum braucht ein warmes Klima, er wächst in Süditalien, Afrika oder Indien. 90 Prozent der weltweiten Ernte stammt aus Kalabrien und Sizilien.

Er kam schon im 15. Jahrhundert nach Lothringen. Denn René II., Herzog von Lothringen, war zu dieser Zeit auch König von Neapel und Sizilien. Er dachte sich wohl, ich will diese besondere Frucht auch in Lothringen genießen. Während des Mittelalters wurde die Bergamotte von Pilgern aus Italien zur Basilika Saint-Nicolas-de-Port, vor den Toren von Nancy, gebracht. Die Essenz der Frucht beschrieb der Limonadenhersteller Masson schon 1705 in seiner Pariser Arbeit für Pastillen und Essenz. Auch Joseph Gilliers, Distilleur von Stanislas am Schloss von Lunéville, beschrieb den Geschmack der Bergamotte schon 1751. Und 1803 schrieb der Confiseur Machet ein Rezept über „Sucres à la Bergamotte", welches noch heute Anwendung findet, für die Bergamotte de Nancy. Seit 1898 gibt es die Bezeichnung „Bergamottes de Nancy" als geschützten Begriff.

Dass dieser Geschmack besonders und einzigartig ist, sieht man an einem anderen Großen Lothringens. Sein Denkmal steht auf einem der schönsten Plätze Europas, der Place Stanislas in Nancy. Stanislas Leszczynski, 1677 – 1766, ein polnischer Aristokrat, König von Polen, erhielt durch die Eheschließung seiner Tochter Maria Leszczynska mit dem französischen König Ludwig, dem XV., 1737 das Herzogtum Lothringen. Und auch er ließ sich, zweieinhalb Jahrhunderte nach der Ankunft der Bergamotte in Lothringen, von seinem Zuckerbäcker Bergamotte-Sorbet servieren. Er soll übrigens auch das Dessert Baba au Rum erfunden haben.

Er war sicherlich ein ausgewiesener Gourmet. Vielleicht auch Gourmand. Bis ins hohe Alter prägte er das kulturelle Leben in Lothringen, vor allem in Nancy und Lunéville hat er seine Spuren hinterlassen. Ich hatte als junger Student das Glück, sehr viel über Lothringen zu erfahren. 1979 und 1980 drehte Edmund Ringling für den Saarländischen Rundfunk vier Filme. „Kultur und Geschichte Lothringens I-IV" hießen diese. Noch Jahrzehnte später war die eine oder der andere in Lothringen sehr überrascht, dass ich eine Kirche, ein abgelegenes Schloss oder eine rare Sehenswürdigkeit kannte. Das hatte ich diesem liebenswürdigen und intelligenten Menschen zu verdanken. Wir fuhren in den zwei Jahren 5.000 Kilometer kreuz und quer durch Lothringen. Und Kultur hieß für ihn auch Essen und Trinken. Ich bin ihm heute noch sehr dankbar!

Edmund Ringling erzählte mir damals die Geschichte vom Tod Stanislas. Der betagte Regent hatte sehr gut gegessen und getrunken. Und er fiel am 5. Februar 1766 nach der Trinkerei und Schlemmerei mit einer Pfeife in der Hand in den Kamin seines Schlosses in Lunéville. „Le bon Roi", wie ihn seine Untertanen nannten, hatte so schwere Verbrennungen, dass sie seinen Tod bedeuteten.

Die Bergamotte ist eine zufällige Kreuzung. Die grüngelbe Schale hat sie von der Limette, die runde Form von der Bitterorange. Sie wächst, wie alle Zitrusfrüchte, an einem immergrünen Baum. Feuchtigkeit und intensive Pflege brauchen die Bäume. Ihre Blätter sind gelbgrüner als etwa Zitronenbäume. Manche Kronen sind rund, andere eher eiförmig.

Bergamottelikör

Sollten Sie auch mal in die Gegend von Nancy kommen, lohnt sich ein Besuch im Botanischen Garten „Jean Marie Pelt" in Villers-lès-Nancy. Dort können Sie einen einmaligen Baumbestand bewundern: Zitronen, Orangen, Bitterorangen und Bergamotte. Januar ist übrigens der beste Monat, um die blühenden Bäume mit ihren Früchten zu bestaunen.

Aus der Frucht der Bergamotte werden ätherische Öle hergestellt. Diese stammen vor allem aus der Schale. Viele wohlriechende Parfüms enthalten Bergamottearomen. Teeliebhaber, nicht nur auf der Britischen Insel, trinken gerne Earl Grey. Dieser Tee wird mit dem Öl der Bergamotten parfümiert!

Reineclaude

Wenn man sich heute auf den Märkten unserer Region umschaut, ist der Obst-stand immer ein Vergnügen. Die Gegend hier ist reich an Früchten. Dabei un-terscheiden die Fachleute zwischen Kernobst, Steinobst und Beerenobst. So gehören etwa Äpfel, Birnen und Quitten mit ihrem Kerngehäuse zum Kernobst. Steinobst sind Kirschen, Reineclaude oder Pfirsiche. Und zur dritten Gruppe zählen Erdbeeren, Himbeeren oder Stachelbeeren.

Die Auswahl scheint grenzenlos. Schon seit Generationen wissen die Menschen hier mit dem Obst etwas anzufangen. So gibt es in manchem Haushalt Kuchen, belegt mit Früchten der Jahreszeiten. Wer kennt nicht die Erdbeeren aus dem Garten mit Schlagsahne oder einem Klecks Creme fraîche? Diese Kuchenorgie geht dann in den Jahreszeiten weiter, in denen das Obst reif ist.

Mancher Haushalt weckt auch Obst ein. So kann man die Früchte für die kal-te Jahreszeit konservieren. Dabei gibt es unterschiedliche Techniken. Haltbare Lebensmittel zu produzieren ist kein Wunder. Es sind zum Teil uralte Techniken, zum Teil einfach Überlegungen der Logik folgend. Denn in der Menschheitsge-schichte war das Konservieren immer schon ein Thema, und die Menschen aller Kulturen machten sich Gedanken, wie man dieses Problem lösen kann.

Ich treffe oft die gleichen Gesichter samstagmorgens auf dem Markt. Sie er-zählen mir, dass sie jetzt groß einkaufen. Sie möchten bestimmte Lebensmittel auch noch in ein paar Wochen in ihrer Küche verwenden, deshalb werden sie heute Nachmittag eingefroren oder eingekocht. Da gibt es Füchse unter den Kunden, wie ich es schon vor 30 Jahren war. Sie gehen spät zum Markt und kaufen größere Mengen. Dann kommt halt oft der Spruch des Händlers: „Pass auf, du kannst die ganze Kiste für 20 Euro haben."

Um Lebensmittel länger haltbar zu machen, braucht es ganz unterschiedliche Techniken. Ziel ist immer die Mikroorganismen auszuschalten oder zu minimieren, die für den Verderb der Lebensmittel verantwortlich sind. Die ältesten Methoden, Lebensmittel haltbar zu machen sind trocknen, räuchern, salzen und säuern. Erst später, mit der Industrialisierung, kamen dann einkochen und einfrieren dazu.

Es geht darum, durch physikalische Methoden, etwa den Entzug von Wasser oder durch Hitze oder Kälte, das Verderben hinauszuzögern. Oder man bedient

Hier an der Saar kennt sie jeder: Die Reineclaude.

sich chemischer Vorgänge der Konservierung. Marmelade oder Sauerkraut sind hierfür Beispiele. Trocknen ist auch eine beliebte Methode, um Kräuter, Getreide, Hülsenfrüchte und Obst haltbar zu machen. Eine uralte Kulturtechnik, um den Nahrungsmitteln Wasser zu entziehen.

Viele Bauern hatten ja jahrhundertlang keinen Kühlschrank. So mussten andere Wege gefunden werden, um Gemüse und Obst haltbar zu machen. Auf den Bauernhöfen wurde etwa Obst und Gemüse in der Regel vergraben. Damals gab es bei uns noch keine kalte Winter. Oder in Essig eingelegt. Dies tat man vor allem mit Gemüse. Auch der allseits beliebte Sauerbraten ist dafür ein Beispiel.

Kandierte Früchte, Gelees oder Sirup – zuckern ist die süßeste Methode des Konservierens. Holundersirup etwa ist etwas ganz besonderes. Auf diese Art und Weise lassen sich Früchte bis zu einem Jahr haltbar machen.

Einlegen ist eine weitere Möglichkeit. Früchte in Alkohol, Antipasti in Öl oder auch Schafskäse in Salzlake sind mögliche Ergebnisse. Dadurch wird den Mikroorganismen der Sauerstoff genommen und die Lebensmittel werden für länger haltbar gemacht.

Eine sehr hilfreiche Methode ist heutzutage das vakuumieren. Es gibt Geschäfte, ich erinnere mich an mehrere Metzgereien, die dies gerne machen, wenn der Kunde dies wünscht. Damit können Sie Lebensmittel für mehrere Tage bis Wochen haltbar machen. Jeder in unseren Breitengraden hat heutzutage eine Tiefkühltruhe. Für viele Viktualien der richtige Ort, um sie haltbar zu machen. Einige Wissenschaftler meinen sogar, der Spinat, der kurz nach der Ernte schockgefrostet wird, verliert nichts. Er hat all die Vitamine noch, wie frisch geerntet. Für Gemüse sicherlich das richtige Verfahren.

Ich unterhielt mich mal mit einem Bauern, den ich schon seit Jahrzehnten kenne. Dieser erzählt mir: „Wir hatten immer schon einen großen Anbau von Gemüsen auf dem Hof. Im Lehmkeller, dort, wo wir auch Wein lagerten, hatten wir eine Ecke für Gemüse. Jede Möhre wickelten wir in Zeitungspapier und verbuddelten sie im Sand. So hielten diese über den ganzen Winter. Steckrüben hatten wir auch sehr viele. Daraus machten wir Suppen und Gemüse. Teilweise haben wir sie in Gläsern mit Essig sauer eingelegt. Dabei arbeiteten wir hier mit einem wohldurchdachten Trick: Wir gaben immer etwas Meerrettich hinzu. Das hatte auch, etwa bei den eingelegten Tomaten, den Vorteil, dass diese hart blieben.

Die Reineclaude

Wir bauten auch viele Schwarzwurzeln an, ein Heilmittel für uns. Wir haben immer mit den Nachbarn getauscht. Die Tomaten haben wir mit den Äpfeln auf die Fensterbank gestellt, bis sie ganz reif waren. Doch die grünen wurden komplett in Essig eingelegt."

Und bevor die Gläser gefüllt werden, müssen diese 15 Minuten in den Ofen bei 100 Grad. Damit die Keime und Bakterien zerstört werden. Durch Einkochen können Sie Lebensmittel für bis zu einem Jahr und länger haltbar machen. Vermeiden Sie aber Sahne! Kompott oder Chutneys sind wohlschmeckende Ergebnisse dieser Methode. Durch Temperaturen von 75 bis 100° Celsius tötet man die Mikroorganismen von Obst und Gemüse ab, was den Verderb der Lebensmittel hinauszögert. Manche lagern Saucen und Suppen im Kühlschrank, wogegen behandelte Tomaten in den Keller kommen.

Doch zurück zu den Früchten der Region. Die größte Auswahl finde ich meistens bei den Edelschnapsbrennern. Manche haben bis zu 100 verschiedene Eaux-de-Vie und Liköre im Angebot. Manche machen zudem Destillate aus Tannenzapfen oder Schokolade.

Eine Frucht gibt es nicht in allen Regionen Europas. Doch hier an der Saar kennt sie jeder. Ich spreche von der Reineclaude. Diese Edelpflaumen können grün, gelb oder rotgrün sein. Sie haben ein leicht würziges Aroma und sind sehr saftig. Meistens sind sie kleiner als andere Pflaumenarten. Sie sind auch süßer und saftiger. Ihr Ursprung liegt in Vorderasien. Die Frucht ist auf der ganzen Welt bekannt, braucht aber mildes und warmes Klima. Woher sie ihren Namen hat, ist eine besondere Geschichte. Benannt ist diese tolle Frucht nach Königin Claudia. Auf Französisch heißt Königin Reine. Und Claudia Claude. Also Reineclaude. Sie war aus einem besonderen Hause, denn sie war die Tochter des Königs Ludwig XII. (1462–1515). Die Königin liebte das Süße. So ein Naschkätzchen, ein Schleckermäulchen. Vor allem diese damals noch exotische Spätsommerfrucht liebte sie. Es war wohl eine ganz alte Sorte, welche sie damals probierte: die Große Grüne Reineclaude. Diese gilt als die Königin unter den Reineclauden. Ihren Ursprung hat sie wohl in Armenien oder Syrien.

Und der König gab dieser asiatischen Frucht deshalb den Namen seiner Tochter. Jetzt sagen Sie bitte nicht, dann hätte er die Frucht Princesse Claude nennen müssen. Der König war halt weitsichtig! Bis heute liebt man in Frankreich diese Sorte. Denn die Franzosen lieben diese Frucht bis heute und sind Exportweltmeister bei der Reineclaude. Nicht nur wegen der süßen Claude hat diese Frucht den Beinamen Zuckerpflaume. Schön, dass solche Genießerinnen wie Claude der Welt auf diese Weise eine fruchtig süße Geschichte geliefert haben.

Die Reineclaude hat ein besonders weiches Fleisch und schmeckt sehr süß und saftig. In der Farbe ist sie sehr flexibel: grün, rötlich oder gelb. Bei gelb wird sie auch schon mal mit Mirabellen verwechselt. Es gibt mittlerweile verschiedene Züchtungen oder Kreuzungen. Im französischen Coligny entdeckte man um 1800 die Sorte Oullins. Es gibt aber auch Bavays Reneclaude, Diaphane, Uhinks Reneclaude, Althan oder Meroldts Reneclaude.

Die Reineclaude verführt mit einem intensiven Aroma. Wer diesen Geschmack mag, wird immer wieder in so eine Frucht hineinbeißen. Aber Achtung: Man muss sie frisch genießen, sie ist nämlich druckempfindlich und muss schnellstens gegessen oder verarbeitet werden. Für die Verarbeitung in der Küche gibt es viele Möglichkeiten. Kuchen, Mus, Sirup, Eis, Obstsalat, Halbgefrorenes - das sind nur ein paar Beispiele.

Im Laden des Musée du sel in Marsal

■ SALZ IM MARSALER LAND

Westlich der großen Weiher um Sarrebourg liegt das Pays du Saulnois, das Salzland. Hier gibt es eine lange Geschichte der Salzgewinnung. Marsal, Dieuze, Vic-sur-Seille, Moyenvic und Château Salins stehen dafür. Es ist eine uralte Geschichte, denn schon lange vor Christi Geburt wurde in dieser Gegend, laut archäologischen Forschungen, Salz abgebaut!

Marsal lernte ich Mitte der 1990er Jahre kennen, durch Ferienaktivitäten lothringischer und saarländischer Kinder, die ich dorthin begleitete.

Damals hörte ich davon, dass hier Salz, das weiße Gold, eine prägende Rolle spielte. Diese Gegend ist eine historische Salzregion. Ein weites, ausgedehntes Land des „weißen Goldes". Denn hier war mal ein großes Meer. Die untere Salzschicht ist zwischen 215 und 220 Millionen alt. Es handelt sich um das Salz des Muschelkalks. Die obere Salzschicht ist etwas jünger, etwa zwischen 200 und 205 Millionen Jahre, das Keupersalz. Diese Schicht umfasst den wichtigsten

Vorrat und dehnt sich über mehr als 200 Kilometer aus. Vor etwa 200 Millionen Jahre wurden nämlich hier die Meeresarme um Lothringen durch Sandbänke isoliert. So entstanden Lagunen. Mit der Zeit legte die Sonne diese Lagunen trocken und ermöglichte so die Kristallisation des Salzes. Erdreich überlagerte die ausgetrockneten Lagunen. Regenwasser sickerte durch und wusch Salz aus. Eines Tages sprudelte so Salzwasser an die Oberfläche. Im Tal des Flusses Seille finden sich heute noch solche Salztümpel. Die Seille durchquert diese Region und mündet nicht sehr weit vom Metzer Bahnhof in die Mosel.

Diese salzhaltige Erde bringt auch eine ganz besondere Flora hervor. Diese Flora findet man gewöhnlich nur am Meer. Es ist eine halophile Flora, also eine

Salicorne („Europäischer Queller") in seiner roten Herbstfärbung

Die salzhaltige Erde bringt eine ganz besondere Flora hervor, die gewöhnlich nur am Meer zu finden ist.

salzfreudige Pflanzenwelt. Die bekannteste „Salzpflanze" ist die Salicorne. Ihre schuppenartigen Blätter und die rosaroten sternförmigen Blüten verzaubern viele Naturfreunde. Sie blüht hier im Juli und August.

Andere Salzpflanzen, wie die Meeresastern und die Gérard-Binsen mit den hohen Schäften und den kleinen Blüten finden sich hier auch. Inmitten einer eher südlichen Vegetation gedeihen hier auch Orchideenarten, etwa Orchis oder Ophrys. Zikaden aus dem Bergland und selbst die Gottesanbeterin findet man hier.

Die Salzvorkommen beschränken sich nicht nur auf diesen Teil Lothringens. Das „weiße Gold" findet man in weiten Teilen Lothringens.

Die Salzgewinnung ist bereits in der Eisenzeit durch die sogenannten „Brique-tage de la Seille" belegt.

Das Wasser der salzhaltigen Quellen wurde zunächst erhitzt, um eine gesät-tigte Salzsole zu erhalten. Anschließend wurde die Salzsole in Gefäße aus ge-branntem Ton gefüllt, die nun in einem aus gekreuzten Tonstäben gebildeten Gitter fixiert wurden. Die Zwischenräume wurden ebenfalls mit Tonstücken ge-füllt. Die Gitter konnten übereinandergestapelt werden. Über einer Feuerstelle wurde das restliche Wasser verdampft. Danach wurden die Formen zerbrochen und zum Vorschein kam ein zum Transport geeigneter Salzkuchen. Die vor Ort hergestellten Gefäße, Gitterstäbe und Zwischenfüllungen wurden nach ihrem

Ein kleiner Salztümpel im Tal der Seille

Gebrauch in der Umgebung entsorgt. So entstanden in dem sumpfigen Gelän-de kleine künstliche Inseln, auf denen wiederum Werkstätten und Wohnungen errichtet werden konnten.

Unterschiedliche Fundstücke sind im Salzmuseum in Marsal im Obergeschoss zu bestaunen. Dieses Museum müssen Sie sich unbedingt ansehen! Hier können Sie über die Rolle des Salzes in dieser Gegend eine Menge lernen. Das Museum zeigt die lange Geschichte des „weißen Goldes". Neben der Historie der Salzge-winnung, dargestellt mit modernster Technik, können Sie auch dem Pfad zum „Salztümpel" folgen. Ein unvergessliches Erlebnis! Außerdem können Sie im „Musée départemental du Sel de Marsal" regionales Salz kaufen.

Das Salzmuseum in Marsal

Marsal verdankt seine Existenz, neben der eigentlichen Salzgewinnung, der frühgeschichtlichen Salzgewinnungstechnik „Briquetage". Aufgrund der hohen wirtschaftlichen Bedeutung der Salzgewinnung ließen die Bischöfe von Metz im 13. Jahrhundert eine erste Befestigungsmauer errichten. Diese lernte ich Mitte der 1990er Jahre kennen, weil die Kinder, mit Künstlern zusammen, diese Stadtmauer verschönerten.

Salz bedeutete Macht und Reichtum. Dieses Machtinstrument wussten die Herrschenden stets für sich zu nutzen. Sie hatten das Monopol auf die Salzgewinnung und legten die Höhe der Salzsteuer fest. Die Salinen wurden stark gesichert, wovon heute noch das imposante Zugangstor der Salinen von Dieuze zeugt. Marsal und Dieuze liegen weniger als zehn Kilometer voneinander entfernt und sind typische Beispiele für die aufeinanderfolgenden Epochen der Salzgewinnung. Am Ende des Mittelalters wurde durch die Aufteilung der Salinen ein vorübergehendes Gleichgewicht gefunden, das bis zum 16. Jahrhundert Bestand hatte: die Salinen von Dieuze, Lindre-Basse und Rosières gingen an den Herzog von Lothringen. Vic-sur-Seille, Moyenvic und Marsal erhielt dafür der Bischof von Metz.

In Dieuze sind auch zahlreiche jüngere Spuren der Salzgewinnung erhalten. Der Ort ist seit dem Mittelalter befestigt. Durch die Salzgewinnung wuchsen die Stadt und ihre Befestigungen.

Im 18. Jahrhundert galten die Salinen von Dieuze als die größten des französischen Königreichs. Viele der erhaltenen Gebäude stammen aus der Zeit um 1750. Das Betriebsgelände erreicht man über eine kleine Brücke, die zum Haupttor der Saline führt. Das Herz der Saline ist der Salzbrunnen mit Pferdegöpelwerk. Ein beachtenswertes Bauwerk ist das „Bâtiment de la Délivrance", bei dem es sich um ehemalige Salzspeicher handelt.

Bis heute kann man in dieser Gegend besonderes Salz kaufen. Etwas weiter westlich liegt der Ort Einville-au-Jard. Nicht weit von Lunéville. Dort gibt es bis heute eine Saline. Neben Industriesalz gewinnen sie dort zwei Arten von Salz, welches die Menschen, die gerne kochen, interessiert.

Zum einen sind das die Salzblüten, les Pétales du Sel. Seit ihrer Gründung 1871 gehört es zur Handwerkskunst der Saline, Salz per Handschöpfung zu gewinnen. Dafür gibt es Maîtres Saliniers, die über das nötige Wissen verfügen. Diese pflücken die Salzkristalle nach alter Technik in der Morgenfrische, nur bei bestimmten klimatischen Bedingungen. Früher benutzen es nur Angehörige der Salinen für ihren eigenen Verbrauch. In den Salzöfen werden diese ersten Salzkristalle zu Salzblüten. Sie haben eine wunderschöne, weiße Farbe und sind eher Salzflocken, als Salzkristalle. Die Produktion ist begrenzt, die Ernte erfolgt in kurzer Zeit. Im Jahre 2002 bekamen sie eine Auszeichnung: „Geschmack des Jahres 2002"! Köche und Feinschmecker schätzen „les Pétales du Sel" gleichermaßen.

Ein weiteres Produkt aus Einville-au-Jard ist das feine Salz auf alte Art. Le Sel à L'Ancienne, fin. Es wird nicht gewaschen, mit Zusatzstoffen versetzt und chemisch behandelt. Dieses Salz wird fein gemahlen. So machte man es früher schon und an dieser Tradition will man festhalten. Authentisch und schmackhaft, knusprig und schmelzend verführt es die Geschmacksknospen mit der Leichtigkeit der Salzkristalle.

Salz - etwas Historisches

Das älteste bekannte Salzbergwerk wurde vor mehr als 6.500 Jahren im Arax-Tal in Aserbaidschan konstruiert, welches immer noch in Betrieb ist.

In Lothringen wurde Salz seit der ersten Eisenzeit zwischen 1000 bis 500 vor Christus gewonnen. Erste Spuren fand man in den Vogesen bei Moyenmoutier und besonders im Tal der Seille. Die Landschaft, geprägt durch zahlreiche Salzteiche, machte die Salzgewinnung möglich. Die ersten Produktionsstätten waren Marsal, Vic sur Seille und Moyenvic.

Später waren andere Salzquellen der Ursprung der Orte Dieuze, Burthécourt, Sarralbe, Château-Salins, und in der Nähe von Nancy, bei Rosières.

Reichlich vorhandene Toponyme lassen vermuten, dass eine Reihe von Dörfern in Lothringen Salzquellen hatten, die nur in geringem Umfang genutzt wurden und nur auf handwerkliche Weise ausgebeutet wurden.

Die Ausbeutungstechniken haben sich im Laufe der Zeit natürlich entwickelt. Die erste wichtige Technik, die als „Brikettieren" bekannt ist, wurde bereits im 8. Jahrhundert v. Chr. angewendet und teilweise bis ins frühe Mittelalter fortgesetzt. Das Salz wurde durch Kochen der Sole in Öfen gewonnen, in Tonröhren, die dann zerbrochen wurden, um Salzlaibe freizugeben. Diese Tonmaterialien, welche riesige Ablagerungen bildeten, schufen Inseln in den Sümpfen. In der Gegend von Marsal, Vic sur Seille, Moyenvic, Burthécourt und Salonnes.

In der Umgebung von Marsal wurden sehr wichtige Überreste gefunden, darunter Fragmente von Tassen, Scherben von Töpferwaren, Reste von Brennöfen, Zeichen einer intensiven, langen Aktivität. Die Entdeckung reicher Bestattungen deutet darauf hin, dass die Ausbeutung von Salz eine Quelle des Reichtums war. Doch die Technik änderte sich mit den Römern. Es wurde eine neue Technik notwendig, die dieses Verfahren nach und nach ersetzte. Jetzt arbeitete man mit Eisenpfannen, in denen die Sole erhitzt wurde, bis sie verdampfte. Es wurde bis zur vollständigen Verdampfung erhitzt, wobei das Salz als Ablagerung zurückblieb. Erst im 13. Jahrhundert wurden die Pfannen perfektioniert. Im 13. Jahrhundert maßen die Pfannen fünf bis sieben Meter im Durchmesser. Das Salzwasser wurde durch eingegrabene Holzrohre zu den Gebäuden geleitet. Diese Technik wurde mit sukzessiven Verbesserungen eingesetzt bis ins 20. Jahrhundert.

Schon die Römer bauten die römischen Salzstraßen. Denn ihr Ziel war es Kommunikationswege zu entwickeln, die es den Armeen erlauben würden, schnell zum Limes zu ziehen und Handel zu treiben. Eine Straße durchquerte Lothringen von einer Seite zur anderen, wobei die Hauptstraße die „Via Salinaria" war. Diese wichtige Route verband die Metzer Gegend, das große Zentrum der Salzgewinnung, mit dem Norden Richtung Trier und Rheintal, nach Süden nach Straßburg, durch das Saulnois, und nach Moyenmoutier.

Diese Straßen für den Transport von Salz hatten eine erhebliche Bedeutung, Dörfer und Städte zu verbinden, die Handel sowie Viehzucht betrieben und Getreide lieferten. Somit entwickelten sich auch die Städte. Seit der Zeit der Merowinger sind erste schriftliche Aufzeichnungen über den Besitz von Salinen nachweisbar. Nur die Landesherren hatten Zugang zum Seille-Tal.

Im Jahr 682 gewährte Herzog Theotchar dem Abt von Wissembourg eine Saline in Marsal mit einem Manufakturgebäude und Lager. Er fügte auch einen Platz für die Ausbeutung von Salz in Vic hinzu. Die Abtei von Gorze profitierte von der Großzügigkeit des Bischofs von Metz, der ihr Salzgruben auch in Vic schenkte. Vic und Marsal waren die ältesten Salinen im Seille-Tal. Im Jahr 1034 erhielt die Abtei Saint Rémy de Lunéville von den Grafen von Lunéville zwei Salzgruben in Vic durch Schenkung. Die Stiftskirche St. Gengoulf erhielt im Jahr 1065 vom Bischof von Toul einen Salzkeller in Vic und zwei in Moyenmoutiers.

In der großen Zeit des Mittelalters im 11. Jahrhundert entstanden wichtige Märkte, wie die in Metz, Toul und Dieuze, wo der Verkauf von Salz und anderen Produkten stattfand.

Im 12. Jahrhundert ist der wirtschaftliche Aufschwung offensichtlich, mit Verbesserungen der landwirtschaftliche Techniken, Landrodung und Bevölkerungswachstum. Die Landbevölkerung zog in die Städte.

Die Handelswege nutzten viele Kaufleute und die lothringischen Produkte waren weit verbreitet.

Die Ausbeutung des Salzes nahm stark zu während der „Klosterflucht". Vor allem während der Zeit der „klösterlichen Blüte". Klöster schufen wichtige Dinge für Nahrung. So legten sie Fischweiher an. Die Menschen lernten die Konservierung vieler Lebensmittel; deshalb kamen viele von weit her, um sich Salz zu besorgen. Vom 8. bis zum 11. Jahrhundert wurde das Seille-Tal von 20 Abteien und Kapiteln genutzt.

Im 12. Jahrhundert stieg diese Zahl auf 70. Ein echter Wettbewerb herrschte zwischen den Besitzern der Salinen, deren Zahl auch rund um Sarralbe weiter zunahm.

Im 13. Jahrhundert dann die Abschaffung des Privateigentums zugunsten der Bischöfe von Metz. Die Bischöfe erkannten die finanzielle und kommerzielle Bedeutung der Salinen. Darauf machten sich die Bischöfe daran, die totale Kontrolle über sie zu erlangen, durch die Einführung eines Mietsystems.

Der Besitz der Ausbeutungsstellen beinhaltete die Zahlung von Steuern an die Bischöfe von Metz im Seille-Tal und den Herzog von Lothringen für Rosières. Dies war ein königliches Recht. Im 16. und 17. Jahrhundert waren die Salinen noch einer der begehrtesten Reichtümer Lothringens. Im Jahr 1552 gingen drei Bistümer, bis dahin Reichsstädte, unter den Schutz des Königs von Frankreich. Im Jahr 1648, durch den Westfälischen Frieden, wurden die drei Bistümer vollständig an Frankreich angegliedert. Die Herzöge von Lothringen erschlossen sich somit eine wichtige Einnahmequelle. Die Herzöge von Lothringen, die Bischöfe und der französische König profitierten viele Jahre von den Salinen. Unter Herzog Leopold rangierte der Export von Salz wertmäßig auf Platz vier nach Getreide, Holz und Eisen in Frankreich.

Der Export wurde immer umfänglicher, etwa im 17. und 18. Jahrhundert ins Elsass, in die Schweiz, in die Pfalz, nach Trier, Mainz, Speyer, Worms und in andere Länder des Reiches jenseits des Rheins. Die Wasserstraßen wurden von der Seille bis Metz genutzt, dann auf der Mosel und dem Rhein. Salz wurde in Fässern und Säcken transportiert.

Die einzigen Salinen, die im 18. Jahrhundert noch in Betrieb waren, waren Moyenvic, Dieuze und Château-Salins. Alle anderen wurden aus verschiedenen Gründen aufgegeben. Salz wurde zu einer echten Industrie. 300 bis 400 Kutschen verließen damals zur gleichen Zeit die Fabriken an der Seille.

Am Ende lief das Geschäft richtig gut. 300.000 bis 400.000 Doppelzentner wurden jährlich produziert und der König verdiente kräftig an den Salinen.

Das hochwertige Salz der Saline d'Einville ist eine Delikatesse!

Bis 1750 wurde der Verkauf „nach Maß" abgewickelt: muid, vaxel, pot und pint.

Doch bereits im 16. Jahrhundert protestierten viele in Lothringen gegen den enormen Holzverbrauch in den Salinen. Später wurde das Holz durch Kohle aus dem Saarland ersetzt.

Im 19. Jahrhundert wurden an mehreren Stellen neue Bohrungen zur Gewinnung von Steinsalz durchgeführt. Steinsalz an mehreren Standorten in der Region von Nancy und Meurthe et Moselle war das geschätzte Salz.

Das Département Meurthe et Moselle war in den Jahren 1878 und 1882 das führende Département für die Salzgewinnung. Zu Beginn des 20. Jahrhunderts in 16 Salinen. Die bekanntesten sind Tomblaine, Bosserville, Laneuveville, Art sur Meurthe, Saint Nicolas, Dombasle, Rosières, Einville, Saint-Laurent und Tonnoy.

Zur gleichen Zeit schloss 1826 Château Salins, Moyenvic im Jahr 1834. Wenig später, im Jahr 1840, gab der Staat das Monopol der Salzgewinnung auf.

Dies war der Beginn der privaten Industrialisierung. Private Unternehmen produzierten Salzsäure, Chlorid von Kalk, Schwefelsäure, Salpetersäure, Salz,

Zinnsalz und künstliches Soda. Die Produktion wurde fortlaufend moderni-
siert.

Es wurde weniger als früher. Im Jahr 1994 wurde das Salinengelände an die
Stadt Dieuze verkauft.

Was können wir aus diesem schnellen Überblick, der keinen Anspruch auf Voll-
ständigkeit erhebt, schließen? Die Natur war großzügig mit Lothringen und
schenkte Reichtum an Ressourcen in seinem Untergrund, die auch nach drei
Jahrtausenden nicht erschöpft sind.

Diese Geschichte trug dazu bei, dass Lothringen seit der Römerzeit eine zent-
rale Verkehrsposition in Europa hat, von Nord nach Süd und von Ost nach West.
Sie bringt auch heute noch eine florierende Industrie hervor. Salz für die Industrie, aber auch Spezialitäten für Feinschmecker.

Auch im Saarland und darüber hinaus gab es vor Jahrhunderten Salzvorkommen.

Heute noch kann man in Sulzbach die wundervoll restaurierten historischen
Salzhäuser besichtigen. Um 1730 wurde das Salzbrunnenhaus errichtet, doch
es versiegten bereits 1738 die Quellen. Denn die Salzgewinnung im Saarland
erfolgte ausschließlich aus dem Grundwasser.

In einer Abteichronik ist ebenfalls vermerkt, dass im Salzbad Mettlach im 10.
Jahrhundert eine heilkräftige Solquelle existierte. Berichtet wird auch, dass
nach einer Analyse von Dr. Stützer in Bonn hier ein höherer Salzgehalt gemes-
sen wurde als in den Salzquellen von Bad Kreuznach.

Die besten Käse lagern bei Bernard Antony

KÄSE DER REGION

Käse wird an vielen Orten in Ostfrankreich, aber auch im Saarland und in Rheinland Pfalz produziert.

Die Käseplatte ist eindeutig französische Lebenskultur. Wie so oft, saßen wir nach einem festlich schmeckenden Menu noch lange um eine Käseplatte, genossen diese stundenlang und ließen den lieben Gott einen guten Mann sein.

Dabei geht es mir immer um Rohmilchkäse. Ich mache da selten Kompromisse. Affineure unterscheiden zwischen acht Käsefamilien: Frischkäse, etwa Ricotta, Weichkäse mit Außenschimmel, etwa Brie de Meaux, Käse mit gepresstem Teig, Beispiel Tête de Moine, Käse mit nachgewärmtem und gepresstem Teig, wie der Emmentaler, Ziegenkäse, etwa der französische Chèvre, Käse aus Schafsmilch, wie der italienische Pecorino, Weichkäse mit gewaschener Rinde, etwa der Munster und Käse mit Innenschimmel, wie der Roquefort.

Doch kein Mensch verlangt bei einer guten Käseplatte eine Unzahl an Käsen. Vor allem nicht zuhause. In Restaurants darf die Auswahl gerne etwas größer sein, da die Käseplatte ja auch den Geschmack vieler Menschen erreichen muss. Natürlich interessieren mich die regionalen Käse besonders. Völlig gleich, wo ich auch gerade unterwegs bin, frage ich nach diesen regionalen Vertretern. Lieber fünf regionale als Vertreter aller Käsefamilien, ist da mein Ding. Allerdings schon aus unterschiedlicher Milch gilt dann. Wie die Zusammensetzung dann genau aussieht, soll jeder nach seinem Geschmack und den regionalen Angeboten festlegen.

Es macht mir eine unendliche Freude, die Käse einer Region zu erforschen! Genau das geht in dieser Region sehr gut. Viele Einheimische und auch die Besucher lieben eine Wanderung in den Vogesen. Da gibt es vieles zu erkunden. Der Saarbrücker Genussmensch Michael „Fips" Viebig etwa verteilte einst im Bekanntenkreis Adressen seiner favorisierten Ferme-Auberges. Das sind Landgasthöfe mit Übernachtungsmöglichkeiten, oft auf den Höhen der Vogesen. Da gibt es keinen großen Luxus, aber Viktualien und täglich Essen aus frischen Zutaten. Auch Käse, selber hergestellt oder vom Käsebauern aus der Nachbarschaft.

Neben den regionalen Produkten, die sie vertreiben, kochen die Gastwirte auch täglich regionale Spezialitäten für ihre Gäste. Da gibt es Hasenpfeffer, Baeckeoffe, Schiefela und Choucroute garnie.

Wenige kennen aber ein Gericht, welches aus dem elsässischen Munstertal stammt: Roigabrageldi. In fast jeder der dortigen Hütten kochen sie es irgendwann. In einem riesengroßen Bräter werden schichtweise Zwiebeln, Speck und Kartoffeln vorbereitet. Und etwas Rinderbrühe. Es wird ordentlich gewürzt, auch mit Muskat. Ein deftiges Gericht! Dann in den Backofen, zieht dort lange weiter. Eine halbe Stunde, bevor es fertig ist, werden Kasseler drauf gelegt. Diese ziehen dann mit gar. Das Aroma geht in die Kartoffeln, der Geschmack ist unvergleichbar.

Sie haben auch ab und zu die Möglichkeit, Roigabrageldi im Bliesgau zu essen. Und zwar in Bebelsheim. Dort betreibt Familie Gaschott ihre Jungholzhütte. Und ab und zu steht dieses Gericht auf dem Küchenplan.

Diese Wanderungen in den Vogesen sind natürlich immer für eine Überraschung gut. Hier können Sie Käse finden, die nur auf einem Bauernhof gemacht werden. Ein Käse, der noch nicht mal den Weg ins Tal findet, geschweige in den Supermarkt. So findet sich unter dem Begriff „Bergkas", Bergkäse, oft ein Käse, der so nur unter der Regie dieses einen Bergbauern entstand. Oft nach jahrhundertaltem Familienrezept. Oder sonst irgendein Käse, der per Zufall entstand. Diese Wanderungen sind spannend und bringen oft Überraschendes.

Dabei müssen Sie in den Vogesen darauf achten, ob Sie in Lothringen oder im Elsass sind. Denn die Käsekultur unterscheidet sich schon. Dabei werden aber Käse in unserer Region nicht nur auf den Höhen der Vogesen gemacht.

Abseits unserer Saar-Route liegt in Saint Amarin die „Auberge du Mehrbächel", eine der vielen Fermes Auberge mit typisch elsässischer Küche.

Nehmen wir den Munster – einen der berühmtesten französischen Käse. Er wird von Bergbauern aus der Milch von Vogesenrindern produziert. Ein Weichkäse aus Kuhmilch, der im Elsass und in Lothringen nach genauen Regeln hergestellt wird. Käseliebhaber kaufen ihn dort, wo die Milch nicht vorher pasteurisiert wurde.

Er wird gleich hergestellt, heißt aber im Elsass Munster und westlich der Vogesen, in Lothringen, Géromé, benannt nach der Stadt Géradmer.

Die Geschichte dieses Käses geht zurück bis ins siebte Jahrhundert. Damals siedelten sich Mönche im Munstertal an und machten Käse. Um das Kloster herum entstand eine Ansiedlung, die Bauern trieben ihre Kühe auf freie und grasbewachsene Landschaften der Gegend. So gelang der Munster auch auf die lothringische Seite der Vogesen. Elsässer und Lothringer gründeten dann 1285 eine gemeinsame Stadt, Sancti Geradi Mare. Im Dialekt hieß diese Stadt Géromé, ist aber Géradmer. Diese Stadt wurde bald das Handelszentrum des elsässischen wie auch des lothringischen Munsterkäse. Deshalb wurde ihm auf Lothringer Seite das Wort Géromé angehängt. Seit 1969 ist diese Bezeichnung in Frankreich anerkannt. Seit 1978 ist der Munster in Frankreich ein AOC-Käse, also Appellation d'Origine Controllée unter dem Namen Munster-Géromé.

Die Käserei Ritterwald in Schneckenbusch bietet Bio-Kuhmilchkäse wie Tomme, Münster, eigene Käse-Kreationen, sowieSahnebutter und Frischkäse an.

Dieser Käse hat eine zylindrische Form und es gibt ihn in zwei Größen: im Durchmesser von 13 bis 19 Zentimeter mit einem Gewicht von zwischen 450 und 1500 Gramm und als Petit Munster von sieben bis zwölf Zentimeter mit einem Gewicht von etwa 120 Gramm. Wenn er zu hell ist, ist er noch nicht reif. Wenn er rot glänzt, ist er überreif. Ein guter Munster hat eine gelbe, leicht orange Farbe, ist in der Struktur weich und cremig. Kenner essen ihn gerne zusammen mit etwas Kümmel.

Die Käseauswahl in Frankreichs Osten ist groß und manche Touristen aus Deutschland staunen. Im Elsass und in Lothringen machen sie neben dem Bergkäse auch noch Carré Mirabella, ein Weichkäse aus Kuhmilch. Stammt dieser aus Lothringen, heißt er Carré de Lorraine Mirabella. Die Lothringer reiben ihn während seiner Reifeperiode mit lothringischem Eaux-de-Vie Mirabelle ein. Mag ich sehr.

Im Elsass machen sie einen Weichkäse aus Kuhmilch, den Grès de Vosges. Man erkennt ihn daran, dass er auf der Oberseite ein Farnblatt aus einer Pflanze der Vogesen trägt. Regional verfeinern sie ihren Munster im Elsass. Unter dem Namen „Le Vigneron" können sie ihn kaufen. Dieser wird in aller Regel mit einem Marc de Gewürztraminer während des Reifeprozesses eingerieben. Manchmal

Bernard Antony ist weltberühmt für seinen Käse.

enthält er auch Paprika, Gartenkräuter oder Himbeerkonfitüre. Nicht zu verwechseln mit dem Elsässer Winzerkäse. Dieser ist aus pasteurisierter Milch gemacht und für den Export in die Welt gemacht. Sein Aroma ist weit weniger intensiv als bei Rohmilchkäsen.

In Lothringen machen sie auch Bergkäse. Müssen Sie einfach vor Ort probieren.

Einer der berühmtesten französischen Käse ist der Brie de Meaux. Meaux ist eine Kleinstadt, etwa 50 Kilometer östlich von Paris. Die Geschichte dieses Käses reicht bis ins Mittelalter zurück. Die Milch für diesen Käse stammte immer schon zum Teil aus Lothringen. Rund um Meaux gab es in den letzten Jahrzehn-

ten immer weniger Milchbauern. Also kauften die Käsereien immer weiter östlich, an der Maas, ein. Oder Käsereien im Westen Lothringens machten immer mehr Brie de Meaux.

Mittlerweile werden 70 Prozent des Käses mit diesem Namen in Lothringen hergestellt. Dies bedeutet, dass einige der besten „Brie de Meaux" in Käsereien in den Départements Marne und Meurthe et Moselle aufwendig hergestellt werden. Auch der Brie de Meaux ist ein AOC-Käse. Seine Farbe ist leicht gelb und im Geschmack hat er ein haselnussiges Aroma, nachdem er etwa acht Wochen Reife hat.

Eine perfekte Käseplatte richtet Monsieur Bruno in Phalsbourg an.

Ein sehr interessanter Käse ist auch der „Chevrotin de Moselle". Ein Ziegenkäse aus Lothringen, der immer wieder seinen Platz auf meiner Käseplatte findet. Natürlich wird zu seiner Herstellung rohe, unbehandelte Ziegenmilch benutzt.

Ein ganz besonderer heißt „Le P'tit Mosellan". Besonders und erhaben von großer Feinheit. Dieser Weichkäse aus Kuhmilch hat mich gleich überzeugt. Seine cremig-milde Textur ist eine besondere. Er erinnert etwas an den „Saint Félicien".

Aus Meurthe et Moselle stammt der „Tommette de Denis". In seiner Fromagerie du Lac in Fenneviller macht Denis Vermeulen ganz besonderen Käse. Dieser Kuhmilchkäse etwa lässt Erinnerungen an einen Reblochon wach werden.

Der „Brouère" ist ein Rohmilchkäse aus den Vogesen. Traditionell hergestellt, reift er zwischen vier und sieben Monaten.

„Carré de L'Est" ist einer der bekanntesten Käse Ostfrankreichs. Übersetzt heißt er „Viereck des Ostens". Sein Ursprung ist Lothringen. Doch meiden Sie Käse aus industrieller Produktion. Wenn er allerdings gut gemacht ist, schmeckt er nach der Vielfältigkeit lothringischer Wiesen. Es gibt aber noch engagierte Menschen, die einen guten Carré de L'Est machen. So etwa im Département Marne. Die Ferme des Terres Froides liegt in der Gemeinde Nancois-le-Grand. Hélène und Vladimir Vilar sind Quereinsteiger. In ihrem Stall läuft klassische Musik, welche die Qualität der Milch verbessert. Davon sind sie überzeugt. Sie stellten den Milch-Bauernhof auf Bioproduktion um. Sie produzieren diesen Rohmilchkäse. Eine alte Tradition in Ostfrankreich. Sie werden noch andere Käse in Lothringen und dem Elsass finden, wenn Sie suchen. Ich habe Ihnen hier erzählt, welche mich besonders überzeugten. Aber, wer weiß, welcher Bergbauer noch seine Geheimnisse hütet …

Nicht unerwähnt lassen will ich die Rettung der Lothringer Ziegen. Diese Geschichte trug sich die letzten Jahre zu und diese Geschichte wird immer weiter geschrieben. Vor ein paar Jahren gab es die lothringische Ziege fast nicht mehr. Es waren weniger als 100 Tiere. Die Freunde dieser Ziege gründeten dann den Verein „Association des Amis de la Chévre Lorraine". Engagierte Zuchtbetriebe schafften es bald, dass es wieder mehr und mehr lothringische Ziegen gibt. Und immer mehr. Und alle, die Ziegenkäse gerne essen, freuen sich!

Als Letztes in diesem Kapitel: Welchen Wein trinke ich zu Käse? Grundsätzlich den, der einem schmeckt! Ich will Ihnen aber noch eine Anekdote erzählen. Vor vielen Jahren war ich in einem der besten Restaurants Frankreichs. Hier in der Gegend. Als der Käse kam, bestellte ich mir ein Glas Rotwein. Der Sommelier des Hauses intervenierte und meinte, ich solle Weißwein trinken. Ich lehnte ab und er sagte, er würde mir zu jedem bestellten Glas Rotwein einen Weißwein auf Kosten des Hauses dazustellen. Er wolle lediglich mein Urteil hören. Ich bestellte sechs Käse und drei Gläser Rotwein. Er stellte mir drei Gläser Weißwein dazu. Mein Urteil: Alle drei Weißweine schmeckten besser zum Käse als die Rotweine!

Der Verkaufsraum der Distillerie Artisanale du Castor von Familie Bertin.

EAUX DE VIE UND EDELBRÄNDE

In der ganzen Region sind Edelbrände ein Thema. Von Luxemburg über das Saarland bis nach Frankreich.

Der eigentliche Ursprung des Destillierens, somit auch der genaue Zeitpunkt der ersten Edelbrandherstellungen, sind bis heute unbekannt. Die Entstehungsgeschichte des Branntweins kann heute, wenigstens für die europäischen Kulturländer, aber trotzdem als einigermaßen geklärt angesehen werden. Dank zahlreicher Arbeiten verschiedener Forscher des vergangenen Jahrhunderts steht fest, dass im Altertum zwar im Wein ein brennbarer Stoff erkannt wurde, man aber nicht verstand, diesen durch Erhitzen von den wässrigen Bestandteilen abzuscheiden und zu konzentrieren.

Die Destillierkunst ist uralt, wurde von den antiken Ägyptern und im fernen China vor vielen Jahrhunderten praktiziert. Aus diesen Beschreibungen lässt sich erkennen, dass die Edelbrandherstellung auf allen Kontinenten verbreitet ist. Ein sehr geschätztes und weit verbreitetes Destillat ist der aus Zuckerrohr gewonnene Rum. Sein Herstellungsgebiet erstreckt sich über den gesamten Pazifikraum und Kenner träumen von einem Glas in Begleitung einer guten Zigarre oder eines edlen Kakaos. Hemingway lässt grüßen.

Beispielhafte Kunst des Destillierens finde ich in der Region in der „Distillerie Artisanale du Castor". Kennengelernt habe ich vor Jahrzehnten Familie Bertin auf dem Gänsemarkt in Phalsbourg. Nach einem kleinen Menu kam ein Mann an unsern Tisch mit einer Runde Mirabelle. „Probieren Sie mal meinen Edelbrand. „Er wird Ihnen schmecken", lächelte er. Er stellte sich vor: Patrick Bertin, einer der besten Edelbrandproduzenten Frankreichs, wie ich heute weiß.

Einblicke in die Distillerie der Familie Bertin

Der Weg ins Bieberthal ist nicht kompliziert. Von Saarbrücken aus nehmen Sie die Autobahn nach Strasbourg und verlassen diese bei Phalsbourg. Dann geht es Richtung Sarrebourg. Dort nehmen Sie die Abfahrt Abreschviller. Sie passieren den Hafen von dem kleinen Ort Hesse, das El Dorado für Freizeitkapitäne und fahren dann in die Vogesen, Richtung Troisfontaines. Wenn Sie Troisfontaines erreicht haben, liegt das Anwesen der Bertins am Ortseingang auf der rechten Seite.

Vor ein paar Jahren staunte die Welt, als Joel Robouchon, Koch des Jahrhunderts und Moderator einer Kochsendung im dritten französischen Fernsehprogramm, in Troisfontaines auftauchte. Er machte einen Bericht über Bertins

Edelbrände, die in den besten Restaurants angeboten werden. Leider ist Joel Robouchon viel zu früh verstorben. Er möge in Frieden ruhen!

Patrick Bertins Edelbrände beeindrucken durch Frucht und mildes Konzentrat. Die Distillerie bietet rund 80 verschiedene Produkte an. Auch viele Liköre. Die Palette der Edelbrände weist alles auf, was unsere Region an gutem Obst vorhält: Mirabellen, Kirschen, Quitten, Birnen, Pflaumen, Himbeeren, Haselnuss, Reineclaude, Elsbeeren, Hagebutte, Heidelbeere, Holunder, Schlehe...

Hier ist ein Meister am Werk, der weiß, wie es geht. Patrick Bertin erzählte mir die Familiengeschichte: „Unsere Distillerie gibt es jetzt seit vier Generationen.

Mein Großvater machte schon Edelbrände. Als mein Vater übernahm, half ich ihm zu verkaufen. Als ich dann übernahm, ging es richtig los mit dem Verkaufen und dem Ausbau des Betriebs. Das war 1984." Heute helfen ihm seine Frau Arlette und sein Sohn Julien bei den zahlreichen und unterschiedlichen Arbeiten in der Distillerie.

Bieberthal. 100 Prozent Moselle! So machen sie Werbung für ihre Produkte. Hier muss alles qualitativ stimmen. Wenn sie Obstbrände machen, und davon machen sie, wie beschrieben einige, ist es ganz wichtig, gesundes und bestes Obst zu bekommen. Natürlich kommt das meiste aus der Region, vor allem aus dem Département Moselle. Gut reif ohne äußerliche Schäden. Keine Kompromisse! Jedes Jahr verarbeitet die Distillerie du Castor 50 bis 60 Tonnen Obst.

Patrick Bertin

Nochmals Patrick Bertin: „Erst muss es gären, dann wird gebrannt. Hier fängt unsere Arbeit richtig an. Wir nehmen nur das sogenannte ‚Herz' beim Brennvorgang. Die Schwierigkeit dabei besteht in der sauberen Abtrennung der minderwertigen Vor- und Nachläufe vom Hauptlauf, also vom Herzstück des Destillates. Für die Herstellung von hochwertigem Edelbrand wird der erste Teil des Destillates, etwa zehn Prozent, als Vorlauf verworfen oder als technischer Alkohol verwendet. Er schmeckt schlecht, da in ihm vermehrt Fuselalkohole vorhanden sind. Das Kondensat ab Dephlegmator läuft zurück von Glockenboden zu Glockenboden und schließlich wieder in die Brennblase. Die durch den Dephlegmator geschlüpften Dämpfe gehen durch das Geistrohr in den Röhrenkühler, wo sie vollständig kondensiert, also verflüssigt werden. „Das flüssige Destillat enthält nun zwischen 60 und 80 Volumenprozent Alkohol", sagt der Maître aus dem Bieberthal.

Mit enthärtetem Wasser wird das Destillat schließlich auf den trinkfertigen Edelbrand, der zwischen 37,5 und 43 Volumenprozent Alkohol oder noch höher enthält, rückverdünnt. Immer wieder hat er in den letzten Jahrzehnten mit besonderen Flaschen überrascht. Etwa bei seinen Likören. Schokolade, Sauerkirsche, Weinbergpfirsich, Tannenzapfen, Mirabelle und Waldmeister.

Oder das besondere lothringische Obst, Bergamotte. Er macht seinen Likör mit der natürlichen Essenz der Frucht. Dazu kommt selber gemachter Eaux-de-Vie, ein klein wenig Zucker – sonst kommt da nichts rein. So schmeckt die Bergamotte am besten!

Und Ingwer etwa. Diesen kauft er in Peru, in Südamerika bei Bergbauern. Dieser wächst nur in den Bergen und hat die Qualität, die wir als „Bio" bezeichnen. Ohne Spritzmittel. Natürlicher geht nicht. Der Ingwer bleibt dann sechs Monate im Eaux-de-Vie, wird gefiltert und mit ganz wenig Zucker versetzt. Denn der Geschmack des Ingwers soll ja dominieren.

Das Stammhaus der Bertins befindet sich seit mehreren Generationen in einer äußerst fruchtbaren und ertragreichen Gegend. Hier setzt die Familie ihr Kunsthandwerk mit Leidenschaft, Liebe und Respekt vor der Natur mit traditionellem Wissen um. Patrick Bertin zu ihrer Philosophie: „Wir machen die Früchte in den Brennkessel, dieser hat 250 Liter. Ich mache das Feuer an und mit der Hitze geht das Destillat über vier Stufen. Die Temperatur liegt zwischen 60 und 70 Grad. Einmal hatte ich außergewöhnliche, sehr süße Kirschen und der Edelbrand trat bei 85 Grad aus."

Am besten eignen sich zum Brennen die süßen, auf hochstämmigen Bäumen wachsenden Kirschen. Ohne Stiel und auch heute noch oft von Hand gepflückt werden die Kirschen noch am gleichen Tag der jeweiligen Brennerei angeliefert.

Besonders geeignet sind aufgrund ihres hohen Zuckergehalts die Brennkirschen. Brennkirschen gibt es in fast allen Variationen: kleine, große, süße, saure, leicht bittere, kurz- und langstielige, schwarze, braune, rote, weißliche und gar gelbe. „Wässer" nennt man die Destillate, weil sie in Steingut oder Glasbehältern reifen und somit farblos bleiben.

Dort werden sie mit Hilfe von speziellen Einrichtungen eingemaischt, wobei die zugesetzte Reinhefe bei kontrollierter Gärtemperatur und Gärführung für die Umwandlung des Zuckers in Alkohol und Kohlensäure sorgt, was man Gärung nennt.

Nach beendeter Gärung wird die Maische noch einige Wochen zur Bildung der typischen Aromastoffe gelagert. Die vergorene und gelagerte Maische enthält zwischen sechs und acht Volumenprozent Alkohol. In der Praxis werden verschiedene Bauarten von Brennöfen angetroffen. Die Maische wird in die Brennblase gefüllt und bis zum Sieden erhitzt. Die heißen Dämpfe werden durch den Helm und das Geistrohr in die Verstärkerkolonne mit Glockenböden geleitet. Hier erfolgt die erste Abtrennung der hochsiedenden Inhaltsstoffe vom niedriger siedenden Alkohol und von Aromastoffen. Im Dephlegmator wird das Gemisch teilweise durch Kondensation weiter gereinigt und verfeinert.

Im Laufe der letzten Jahrzehnte gab es auch Überraschendes aus dem Hause Bertin. Etwa Whisky, Rum und Gin. Der Whisky St. Patrick, den sie nun schon lange brennen, kommt in Fässer aus Andalusien. Ein hochwertiger Single Malt. Diese Fässer stammen von Pedro Ximenez. Darin war vorher Sherry gelagert. Der Rum, den sie mittlerweile auch machen, wird in Bourbonfässer aus Kentucky in den USA gelagert. Der Zeitgeist ändert sich. Dieses Jahr haben sie jetzt einen Rum mit Mirabellen angesetzt. Sowie auch einen mit Kokosnuss und einen mit Karamell und Salz vom Atlantik. Der Rum wird mit Rohrzucker von der Insel Réunion gemacht. Dann wird er im Bieberthal gebrannt. Hinzu kommen dann sechs Monate getrocknete Mirabellen in die Flüssigkeit. Dann wird filtriert und man hat den „Pirate lorrain", den „lothringischen Piraten". Einer meiner Favoriten der Distillerie du Castor ist der Pastis de la Moselle. Er schmeckt sehr natürlich und unterscheidet sich von vielen überzuckerten Mitbewerbern.

■ LOTHRINGISCHE KÜCHE

Mann, war das schön! Immer wieder schwärme ich mit meinen Freunden Oliver, Peter und Jürgen über unsere Kindheit und Jugend hier an der deutsch-französischen Grenze. Meistens am Wochenende machten alle damals einen Familienausflug nach Frankreich, zum Mittagessen.

Und ich staunte schon seit früher Kindheit, was unsere Nachbarn da alles auf den Tisch stellen. Dies bleibt unvergessen, denn in meiner Kindheit und Jugend gab es in Deutschland vieles nicht, was in Frankreich auf dem Tisch stand.

Die französische Nationalküche ist seit dem 19. Jahrhundert die Haute Cuisine. Weltberühmt wurde sie durch ihre Qualität, ihre Produkte und ihre Vielseitigkeit. So entstand eine Nationalküche, die natürlich regional durch besondere Spezialitäten einer Region ergänzt werden. In Lyon finden Sie in den dortigen „Bouchons" auch andere Spezialitäten als in Metzer Bistrots. Aber auch in Lothringen gibt es Spezialitäten, die nur hier angeboten werden.

Essen und Trinken haben bis heute in Frankreich einen viel größeren Stellenwert als anderswo. Dazu sagen sie „Savoir vivre". Die Kunst genussvoll zu leben. An der Saar heißt das heute, grenzüberschreitend, Sarrevoir Vivre. Als erste Nationalküche wurde 2010 „das gastronomische Mahl der Franzosen" als „immaterielles Kulturerbe der Menschheit" in die UNESCO-Liste aufgenommen. Die Haute Cuisine gilt weltweit als vorbildhaft. Das kommt ja auch in der internationalen Küchensprache zum Ausdruck!

François Rabelais ist der Namensgeber der lothringischen Initiative „Tables de Rabelais". Rabelais lebte als Arzt Mitte des 16. Jahrhunderts in Metz. In einem seiner Werke berichtet er über Metzer Küche und ihre Traditionen. Er war auch einer der bedeutendsten französischen Schriftsteller der Renaissance.

Ein fröhlicher Zeitgenosse soll er gewesen sein. Lachen war für ihn Medizin. So behandelte er auch Kranke. Mit besonderen Kräutern heilte er. Außerdem liebte er die gute Küche und einen besonderen Tropfen Wein. Als Erinnerung an ihn gründeten 2006 Genusshandwerker, Gastronomen, Brauer und Winzer, die regionale Spezialitäten hoher Qualität hochhalten, die „Tables de Rabelais": Lothringer Rezepte, Besichtigungen von Weingütern und Betrieben von Genusshandwerkern, Treffen mit den Partnern, Entdeckung des Wissens um das gute Produkt. Sie alle sind von ihrem Beruf begeistert und möchten die Freude des besonderen Geschmacks, authentische Aromen, den Wert des Produktes und die Schlichtheit eines guten Essens mit Ihnen teilen. Rabelais wurde dadurch zur Ikone für das gute Produkt!

Die Produkte stammen meistens von einem lothringischen Bauernhof. Oder vertrauensvollen Händlern, die Fisch, Fleisch oder Gemüse liefern. Es fahren auch immer wieder Deutsche nach Lothringen, um eine Königinpastete zu essen. Oder Kalbsbries, Kalbsnieren, rosa gebraten mit Senfsauce und Tête de Veau, Kalbskopf.

Alle, die die lothringische Küche lieben, bestellen sich hier eine Quiche Lorraine. Diese wurde im 16. Jahrhundert erfunden: Speck, Crème Fraîche oder Sahne mit einem Boden aus Mürbeteig oder Blätterteig. Natürlich müssen Sie in Lothringen auch die zahlreichen regionalen Pasteten goutieren. Der „Potée lorraine", der Lothringer Eintopf, ist ein altes Bauernrezept mit Karotten, Lauch

und geräuchertem Fleisch. Manchmal auch mit weißen Bohnen, Zwiebeln, Rüben, Grün- oder Weißkohl, grünen Bohnen und frischen Erbsen.

Auf kaum einer Speisenkarte fehlen Schnecken und Froschschenkel. Ein himmlischer Genuss! Die Küche in Lothringen, von den Flüssen Mosel und Maas bis zu den Vogesen, ist verdammt abwechslungsreich. Die vielen Flüsse, Bäche und Seen versorgen die lothringische Küche mit Forellen, Saiblingen, Hechten und Karpfen. Die ausgedehnten Wälder und die Vogesen liefern Wildschweine, Rotwild, aber auch Pilze und Beeren.

Le Château d'Adomenil. Das schönste Hotel und beste Restaurant Lothringens?

Lothringen steht für auch für die unvergleichlichen Madeleines. Vor allem für die „Madeleines de Liverdun". Weltberühmt sind die „Macarons de Boulay". Dafür nehmen sie Eiweiß, Zucker und Mandeln. Es schmeckt himmlisch!

Das Rezept des Spanferkels soll in Boulay erfunden worden sein. Ein Gericht für große Feste. Wenn Sie hier eine Metzgerei betreten, finden Sie Spezialitäten, mit denen nicht alle Deutschen vertraut sind. In Deutschland macht man Schmalzbrote, in Frankreich bestreicht man das Baguette mit „Rillette". Gemacht ist sie aus Schweinefleisch, Gänsebrust oder Entenfleisch. Das Fleisch wird stundenlang mit Suppengrün gekocht, danach zerdrückt, gewürzt und bildet dann mit viel Fett eine himmlische, streichfähige Spezialität.

Ansonsten finden Sie in lothringischen Metzgereien auch regionale Besonderheiten wie Schinken, Patés, Boudin, das ist eine Blutwurst ohne Speckstücke zum Braten oder eine Wurst, die man in Deutschland eher nicht findet, die Andouillettes, Kaldaunenwürste. Vor allem die „Andouillettes du Val-d'Ajol".

Auch bei den Nachspeisen lassen sie sich hier nicht lumpen. Natürlich backen sie Tartes, die Königin dieser Tartes ist die „Tarte des Mirabelles", die Mirabellentarte. Wenn Sie aber in Lothringen sind, sollten Sie unbedingt auch mal

„Baba au Rhum" kosten. Der Name dieses französischen Kuchens ist vermutlich vom russischen „Babuschka", kurz „Baba", für „Großmutter" entlehnt. Es ist ein hoher Napfkuchen aus süßem Hefeteig, der nach dem Backen mit Puderzucker bestreut und Rhum übergossen wird. In vielen Restaurants gibt es dazu immer noch Rhum, der am Tisch über dieses Dessert geschüttet wird.

Mein Botschafter der lothringischen Küche ist Alain Freymann mit seinem Restaurant „Le Villageois" in Grundviller. Immer an seiner Seite Koch Nicolas Sardo und Ehefrau Marianne im Restaurant. Alain Freymann zieht seine Fonds für seine Saucen noch selber. In seiner Küche ist alles handgemacht. Drei Stunden brät er dafür Knochen im Backofen bei 180 Grad. Mit viel Fett, Zwiebeln, Lauch,

Botschafter der lothringischen Küche: Alain Freymann und seine Frau Marianne

Möhren. Später kommen Mehl, Flüssigkeit und Tomaten hinzu. Danach lässt er alles nochmals sechs Stunden kochen. Dann wird der Fonds filtriert, abgekühlt und in den Kühlschrank gestellt. Wenn der Fond richtig kalt ist, wird die oben schwimmende Fettschicht entfernt. Aus diesem Fond macht er dann, je nach Bestellung, unterschiedliche Saucen. Nur mit Fonds erreicht er die Qualität seiner Saucen. Probieren Sie mal bei ihm seine „Terrine de Lorraine". Mit Putenleber, die ist nicht so intensiv wie Schweineleber. Diese kocht er in halb Milch, halb Rahm, mit Schalotten, Ei, Lorbeerblatt, Thymian. Alles wird gekocht und kalt gestellt. Dann mit der dünnen Scheibe durchgedreht. Die grobe Scheibe nimmt er dann für zusätzliches Schweinefleisch. Und noch etwas Kalbfleisch. Dazu kommen bei ihm immer zwei geputzte Schweinsfüße in die lothringische Terrine. Das gibt auch Bindung und wird ebenfalls mit der kleinen Scheibe durchgedreht. Mit Knoblauch kommt dann alles für 90 Minuten in den Backofen, bei etwa 130 Grad. Es muss langsam garen. Wenn er sie rausholt, schüttet er eine Bouillon drüber. Diese wird von der Terrine aufgesaugt. Die Terrine wird mit Schmalz überdeckt und kommt ein paar Tage in den Kühlschrank. Dann entsteht das volle Aroma. Das ist Essen wie Gott in Frankreich...

*Das Casino der Fayencerie in Sarreguemines
in sommerlicher Lichterpracht*

■ AN DER GRENZE

Ton- und Lichtshows sind an lauen Sommerabenden etwas Besonderes in Frankreich. Sie heißen „Son et Lumière". Historisches wird in außergewöhnlichen Kulissen immer wieder neu aufbereitet. Etwa an historischen Bauwerken. Bilder- und Videoshows. Ich sah solche Veranstaltungen schon mehrmals und war echt begeistert. Gerade an besonderen Monumenten und ihrer Geschichte bieten diese Abende ganz besondere Eindrücke. Etwa am Schloss Lunéville wird Ihnen die Geschichte von Stanislas Leszczynski sowie der Pracht vergangener Zeiten eindrucksvoll erzählt.

Den ersten grünen Stern im Saarland von Michelin bekam Buchnas Landhotel Saarschleife. Damit wurden die herausragende Qualität der Küche und das Bestreben nach Nachhaltigkeit und Regionalität ausgezeichnet. Das Haus hat eine tolle Geschichte und beweist mit dieser Auszeichnung, dass es für die Zukunft gut aufgestellt ist.

In Luxembourg sind besonders viele Menschen aus Portugal eingewandert. Deshalb gibt es dort auch eine breite Auswahl an portugiesischen Restaurants. Vor allem für Menschen, die Meeresfrüchte lieben, sind die verschiedenen Restaurants lohnende Ziele.

In der Region gibt es viele internationale Köche und Küchen. Maxwell Omini etwa kam aus Nigeria ins Saarland. Er lernte beim großen Wolfgang Quack und arbeitet heute selbstständig mit „Maxwell Omini – Rent a Cook". Restaurants und Privatleute mieten ihn für unterschiedliche Veranstaltungen.

Der Vietnamese Hoa Nguyen kam aus der Tscheslowakei hierher, als der Eiserne Vorhang aufging. Er machte im Saarland seinen Meisterbrief als Koch. In seinem Restaurant „Indochine" in Saarbrücken können Sie asiatisch, fran-

Laura & Andrea Runco von der Cantina Calabrese

Delphine Buchholz – Delphine Designs

zösisch, deutsch und saarländisch essen. Diese Kombination ist auch nicht alltäglich.

Wenn man in Saarbrücken-Güdingen am letzten Kreisverkehr vor dem ehemaligen deutschen Zollhaus rechts abbiegt, bleibt man zuerst noch in Deutschland. Doch, wenn man dann am Waldesrand weiterfährt, ist man schnell in Frankreich. Selbst viele Einheimische wissen aber nicht genau, wie die Grenze hier verläuft. Es sind nämlich nur ein paar Meter zu dem französischen Ort Alsting. Und genau dort liegt die „Simbach Mühle". Die Bewohner leben hier auf der Grenze. Ein Teil ihrer Familie stammt aus Berlin. Heute ist Marcel Gossert Franzose und begeisterter Europäer, der sich nichts anderes vorstellen kann, als an diesem Platz zu leben. Sie haben hier eine besondere Identität im Herzen Europas! Sie sind hier das Bindeglied zwischen zwei Kulturen. Sie leben diese beiden Kulturen hier mit ihren Gästen, die auch aus beiden Ländern kommen. Das ist ihre Identität, auf die viele Europäer schauen.

Jean Laurain wurde am 1. Januar 1921 in Metz geboren. Dort starb er auch am 7. März 2008. Er war kurz nach dem Krieg Minister, später Staatssekretär unter den Premierministern Pierre Mauroy und Laurent Fabius. Ich lernte ihn 1998 im Rahmen eines europäischen Austauschprogramms für Jugendliche kennen. Schon kurz nach dem Zweiten Weltkrieg begann seine Arbeit zur Aussöhnung zwischen Frankreich und Deutschland. Ich habe ihn damals als einen besonde-

Snjezana Häusler - Bertha's-glutenfrei

Maxwell Omini - rent a cook

ren Europäer mit Weitblick und Versöhnung im Herzen kennengelernt. Ich bin dankbar, so einen vorbildlichen Mann kennengelernt zu haben.

Die ehemalige Heimat des Senders „Europe 1" ist ein besonderes Bauwerk. Eines der besonderen und historisch wichtigen im Saarland. Wieso war dieser Sender im Saarland zu finden? Er war einer der ersten Privatsender und Privatsen-der waren damals in Frankreich verboten. Also sendete er aus dem Saarland. Er ging am 1. Januar 1955 auf Sendung. Mittlerweile im Besitz der Gemeinde Überherrn. Ein einzigartiges Gebäude, welches als deutsch-französisches Kul-turzentrum weiterentwickelt wird. Beispielhaft fand dort 2022 die Ausstellung „Grenzgänger" der Künstler Andreas Engel, Michael Siffrin und Martin Steinert statt. Und vieles wird dort noch im deutsch-französischen Gedanken auf den Weg gebracht werden.

Delphine Buchholz aus Bexbach hat einen eigenwilligen Job: Sie fängt dann an, wenn andere aufhören! Sie macht aus Torten, die ja oft schon Kunstwerte sind, einmalige Unikate. Ihre Produkte sind wahre Kunstwerke aus geschmackvollen, bunten Materialien, die natürlich alle essbar sind. Es sind Bilderwelten, die zur essbaren Realität werden. Basierend auf Zucker, Creme und Teig entstehen filigrane Figuren auf mehrstöckigen Torten. Eigentlich viel zu schön zum Essen, doch für besondere Anlässe genau das Richtige!

Viele Franzosen arbeiten als Koch in Luxembourg und im Saarland. Geoffroy Muller ist ein besonderer Koch. Er stammt aus Sarreguemines. In seiner „Terminus Brasserie" in Saarbrücken kocht er einen sehr eigenwilligen Stil mit Gemüse, Obst, Fisch und Fleisch. Eigentlich ein Kulturzentrum. Denn jedes Wochenende gibt es Kultur aus allen Bereichen bei ihm.

Herrlich, mit dem Schiff auf der Saar unterwegs zu sein. Etwa von Saarbrücken nach Sarreguemines. An grüner Landschaft vorbei. Dort dann ein Marktbesuch oder ein Besuch im Restaurant. Stunden später die Heimfahrt. Angebote dazu gibt es einige und ein schöner Samstag ist garantiert.

Sie mögen Picknick? Wenn Sie in Bitche sind, besuchen viele den ersten Ostdeutschen, der in Frankreich einen Stern erkochte: Lutz Janisch. Vorher war er schon von Frankreichs Gastropapst Gilles Pudlowski als „Aufsteiger des Jahres" ausgezeichnet worden. An der Zitadelle in Bitche gibt es im großen Garten am Wochenende Picknick. Da kommen viele französische Familien und lassen sich bei gutem Essen und Trinken nieder.

Wie in vorherigen Texten schon beschrieben, sind vor allem viele Menschen aus Südeuropa ins Saarland eingewandert. Deshalb ist das Angebot an authentischen Restaurants sehr breit. Dies birgt eine hohe Qualität. Ob spanisch, griechisch, kroatisch, viele Landesküchen überzeugen.

Die Deutschen haben unter ihren zehn Lieblingsgerichten Spaghetti und Pizza. Italienische Restaurants gibt es sehr viele im Saarland. Von der kleinen Trattoria an der Ecke bis zum Feinschmeckertempel. Übrigens: Genau aus dem gleichen Grund, nämlich Einwanderung, gibt es in Frankreich zahlreiche Restaurants mit

Immer wieder zum schönsten Bahnhof Frankreichs gewählt: der Metzer Bahnhof.

nordafrikanischer Küche. Da hört man schon mal von Bekannten: „Wir fahren Samstag nach Frankreich Couscous essen!"

Im Saarbrücker Gasthaus „Zur Wilden Ente" geht es um das Federvieh. Neben Entenbier und Entenwein gibt es hier weitere Produkte rund um die Ente zu kaufen. Auch für zuhause.

Baguette können Sie natürlich auch im Saarland kaufen. Das beste macht für mich die „Brotmanufaktur Kleinbauer" im Saarbrücker Stadtteil Dudweiler. Für das sehr beliebte Baguette bei seinen Kunden verwendet der Bäcker ein französisches Mehl. Etwas höher ausgemahlen als das übliche. Und etwas dunkler. Natürlich mit einer Langzeitführung im Produktionsvorgang, die zwischen 18 und 24 Stunden beträgt. Deshalb schmecken seine Baguettes wie in Frankreich. Lange geführte Teige bringen neben mehr Gesundheit auch immer mehr Geschmack! Oft eine Geschmacksexplosion im Mund.

■ STREUOBST-WIESEN UND MISPELBRAND

Ich fuhr einst in den Saargau, nach Hemmersdorf. Der Saargau ist eine alte Kulturlandschaft und beginnt auf dem Höhenrücken zwischen Obermosel und Saar. Eine Grenzregion. Hier weiß man oft bei einem Spaziergang nicht, ob man in Deutschland oder Frankreich unterwegs ist. Prägend für den Saargau sind seine Streuobstwiesen mit den heimischen Obstbäumen. Oft stellt man fest, dass da Bäume stehen, die über Hunderte Jahre alt sind.

Streuobstwiesen sind ökologisch wertvolle Lebensräume für seltene Tiere und Pflanzen. Oftmals bestehen sie selbst in großen Teilen aus alten Apfel- und Birnbaumsorten, die nur noch an diesem Ort gedeihen. Ziel unseres Tagestrips war die Distillerie Monter. Dort erwartete uns Wolfgang Maffert.

Bereits 1849 wurde diese besondere Brennerei erstmals urkundlich erwähnt. Seit Generationen werden hier aus den Früchten ihrer Streuobstwiesen schmackhafte Edelbrände gezaubert. Wolfgang Maffert, ein Neffe der Familie Monter, stellt mir den Betrieb vor: „Gegründet wurde die Distillerie von Jacob Monter. Die Brennerei war in der Familie immer eine Ergänzung zur Landwirtschaft. Unser Brenngerät stammt von 1925. Als ich noch klein war, kamen die Leute noch mit kleinen Kännchen von 0,2 Liter Inhalt zu uns zum Kaufen. Ich habe den Betrieb 1992 übernommen und ausgebaut."

Die Basis für einen guten Brand sind gute Früchte. Gut heißt in diesem Fall aber nicht, dass sie schön aussehen, sondern die Inhalte müssen für Obstbrände geeignet sein. Der Destillier klärt auf: „Eine schöne Krachkirsche etwa, die wir gerne auf dem Markt für zuhause kaufen, ist ungeeignet zum Brennen. Ausnah-

me ist die Williamsbirne. Bei Birnen gibt es aber viele andere Sorten, alte Mostbirnensorten, die vielleicht besser sind als Williamsbirne. Basis ist immer die Frucht, die Fruchtsorte und die Reifequalität. Ohne diese Grundlagen kann ich keinen guten Brand machen. 80 Prozent der Früchte, die wir verarbeiten, bauen wir selber an. Wir haben um Hemmersdorf herum ungefähr 1.500 Streuobstbäume. Von Mirabellen, Mispeln, Zwetschgen, Birnen, Kirschen, Äpfel - alles durch die Bank!"

Wenn der Brenner die Früchte geerntet hat, müssen diese im optimalen Reifezustand sein. Er muss dies genau kontrollieren. Dann werden diese zerkleinert und mit Hilfe von Hefebakterien beginnt die Vergärung, die aus dem Fruchtzucker den Alkohol gewinnt. Holzige Noten belasten das Destillat negativ, deshalb muss alles vorher raus, was den Gärungsprozess negativ beeinflusst. „Sonst entsteht Methanol und andere Dinge, die nicht gut schmecken. Die süßen Früchte müssen optimal aufbereitet werden, um ein optimales Destillat zu bekommen", erklärt Maffert.

Anschließend wird destilliert und dabei ist die hohe Kunst des Edelbrenners, den immer entstehenden Vorlauf und Nachlauf vom Herzstück zu trennen. Doch dieser ganze Prozess geht in die Hose, wenn die Qualität des Obstes nicht stimmt.

Ich dachte zu diesem Zeitpunkt unseres Gespräches, dass es jetzt weitergeht mit wichtigen Informationen zum Brennen. Doch Wolfgang Maffert ist ein sehr reflektierter Obst- und Viehbauer, der mir nun unmissverständlich klarmachte, um was es wirklich geht: um die Erhaltung dieser Kulturlandschaft mit den Streuobstwiesen. Maffert hat auch eine Mutterkuhherde auf seinen Obstplantagen grasen. Er denkt ganzheitlich. Der Dung dieser Kühe und Kälber wird für die Bäume eingesetzt. Dann fuhren wir auf die Streuobstwiese, zu einem alten Birnenbaum. 150 Jahre alt. Mit einem riesigen Blattwerk, welches so viel Sauerstoff produziert, dass davon zwei bis drei Menschen atmen können.

„In ihrer Vielfalt der Anbauformen sind Streuobstbestände prägender Bestandteil der mitteleuropäischer Kulturlandschaften, vergleichbar agroforstwirtschaftlichen Anbausystemen Südeuropas, wie die iberischen Dehesas, Oliven- oder Mandelhaine. Für die mitteleuropäische Biodiversität spielen Streuobstbestände mit über 5.000 Tier-, Pflanzen- und Pilzarten sowie über 6.000 Obstsorten eine herausragende Rolle. Charakterarten sind Steinkauz, Wendehals und Grünspecht. In Europa existieren großflächige, landschaftsprägende Streuobstbestände insbesondere in Nordspanien, Frankreich, Luxemburg, Deutschland, der Schweiz, Österreich und Slowenien", schreibt der NABU auf seiner Internetseite.

Ohne diese Streuobstwiesen würde eine Verwüstung unseres Lebensraumes eintreten! Um unsere Kulturlandschaft mit allen Lebewesen zu erhalten, brauchen wir diese. Denn ohne sie wird ein Leben schwer bis unmöglich.

Mit dem Edelbrand, den Wolfgang Maffert verkauft, kann er die Mitarbeiter bezahlen und diese Kulturlandschaft pflegen. Er sagte zu mir: „Nach Mangrovenwäldern und Korallenriffs kommen die Streuobstwiesen, die wir unbedingt erhalten müssen. Das kann man gar nicht hoch genug ansiedeln!"

Wieder was gelernt! Dann frage ich nach dem Mispelbrand. Ein ganz besonderes Destillat aus dem Saarland, welches sich, wie kein anderes, zum Mittelpunkt der Mispelproduktion gemausert hat. Übrigens, „Hundsärsch" wird er hier genannt, der Form der Früchte wegen.

„Was ich noch hervorheben will, ist die Mispelfrucht. Da sind wir auch der größte Verarbeiter in Deutschland. Die Mispel ist eine alte Obstsorte aus dem Kaukasus. Der Wiege vieler Früchte, die aber durch Kreuzung und Zucht verändert wurden. Doch die Mispel ist eine ursprüngliche Frucht, die nicht verändert wurde. Es gibt zwar durch Selektion verschiedene Sorten, größer und kleiner, früher reif, später reif. Aber sie ist original geblieben. Sie kam mit den Römern in unsere Gegend, war auch in Deutschland weit verbreitet. Karl der Große hatte sie in der Landgüterverordnung verankert. Die Landgüterverordnung war ein Gesetz, welches vorgab, was die Bauern in ihrem Garten zu pflanzen haben. Das hatte den Grund - wir reden ja von Zeiten, wo Nahrungsmittel knapp waren - die Ernährung der Bevölkerung zu sichern. Da war man froh, eine Obstsorte zu haben, die jährlich ziemlich gleich trägt. Und nicht ein Jahr, wie bei Äpfeln etwa, ein voller Baum, im nächsten Jahr aber gar nichts. Obst wurde ja auch getrocknet, um es haltbar und lange essbar zu machen. In Brot etwa wurde in

Süddeutschland dieses Obst mit gebacken, damit das Brot mehr Energie hatte. Schnaps wurde ja nur gebrannt, wenn Obst übrig war. Es gab ja keinen Supermarkt, wo man nachkaufen konnte. Es ging ja um Essen, ums Überleben."

Vor einigen Jahren hat er ein Bewusstsein für die Mispel entwickelt. Er fühlte sich der Slow-Food-Bewegung verpflichtet und ist auf der jährlichen Slow-Food-Messe in Stuttgart immer Teil des Saarland-Standes. Wolfgang Maffert: „Wir haben bei der Destillation versucht zu optimieren, auch vom Geschmacklichen her. Wir haben dabei die Besonderheit der Mispel entdeckt. Früher war sie in ganz Deutschland verbreitet, doch sie ist fast verschwunden. In Hessen gibt es noch einige Bäume, doch im Saargau gibt es etwa 3.000 Bäume, mehr als im übrigen Deutschland zusammen. Der Grund, warum sie hier überlebt hat, ist die Viezstraße. Um einen guten Apfelwein zu machen, setzt man gerne die Mispel zu. Geschmacklich wird der Apfelwein interessanter und es ist einfacher, ihn auf natürliche Weise zu klären."

Monter verkauft viele Brände, etwa zehn Prozent davon sind aus Mispeln gemacht. Der Mispelbrand hat eine sehr eigene Note, er erinnert mich an Grapefrucht, ist erdig mit zitronalen Noten. Auch Anklänge von Bergamotte. Wolfgang Maffert: „Unser Mispellikör hat eine sehr erfrischende Zitrusnote, ist sehr interessant als saarländischer Aperitif!"

Klaus Erfort

■ DIE GESCHICHTE DER STERNE-KÜCHE IM SAARLAND

Wenn Sie in den besten deutschen Restaurants essen wollen, sind Sie im Saarland genau richtig. Christian Bau und Klaus Erfort schrieben und schreiben im kleinsten Bundesland seit Jahrzehnten Kochgeschichte. Unendlich oft ausgezeichnet, nicht nur von vielen Fachmagazinen weltweit!

Klaus Erfort erhielt den Eckart Witzigmann-Preis für „Lebenskultur"! In einer Reihe mit besonderen Persönlichkeiten aus der ganzen Welt, die zu den ganz Großen gehören.

Das japanische Landwirtschaftsministerium hat Drei-Sternekoch Christian Bau zum Ehrenbotschafter der japanischen Küche ernannt. Das Ministerium ehrt mit der Auszeichnung Persönlichkeiten, die das Wesen der japanischen Kochkunst auf höchstem Niveau vermitteln und so die Verbreitung und den guten Ruf der Küche und Esskultur Japans im Ausland befördern. Was diese beiden geleistet haben ist „Weltklasse aus dem Saarland"!

Die Geschichte der Sterne an der Saar, ausgezeichnet durch die „Rote Bibel", hat vor allem drei Ursachen: Zum einen ist das kleine Bundesland im Südwesten in seiner Geschichte eng mit Frankreich verwoben.

Zum anderen ist die saarländische Küche ein Schmelztiegel aus vielen Regionen, aus unterschiedlichen Zutaten und Grundlagen. Das ist einerseits historisch durch das Arbeitsleben der Menschen bedingt, hat aber auch viel mit den zerrissenen politischen Zuständen der letzten Jahrhunderte zu tun.

Zum dritten war das Saarland immer ein Einwanderungsland, nicht nur für Menschen, sondern auch für Küchen.

Nach dem 30-jährigen Krieg, so sagt die Wissenschaft, gab es im heutigen Saarland noch zwischen 50 bis 200 Menschen. Fast alle Vorfahren der heutigen Menschen, die hier leben, sind eingewandert. Viele aus der Schweiz, die Hugenotten aus Frankreich, aus Österreich, der Pfalz und anderen Landschaften der heutigen Bundesrepublik Deutschland. Das war sehr segensreich! Ich freue mich auf weitere gute Küchen in Zukunft. Welcome!

Auch im 20. Jahrhundert kamen viele Menschen aus Südeuropa, um hier Arbeit zu finden. In den 1960er Jahren stammten 25 Prozent der Menschen des Saarbrücker Stadtteils Burbach aus Italien. Und Südeuropa heißt nicht nur Italien. Sie kamen auch aus Spanien, Griechenland, dem Ex-Jugoslawien, der Türkei und Portugal.

Es wäre eine umfänglichere Arbeit nötig, dies alles historisch aufzulisten und zu belegen, als es hier möglich ist. Deshalb versuche ich, diese Küchengeschichte mit einigen wenigen Beispielen zu dokumentieren.

Machen wir einen Zeitsprung in die Zeit nach 1945. Das Saarland war ab 1947 autonom, war ein eigenes Land und wirtschaftlich an Frankreich angegliedert.

Das Saarland war kulinarisch völlig nach Frankreich ausgerichtet. Somit wurde auch im Wirtschaftsleben die französische Gesellschaft gelebt, eben nicht die deutsche. Diese beiden aneinander angrenzenden Länder haben sehr unterschiedliche Strukturen, andere landesübliche Herangehensweisen. Die Deutschen wollen vormittags, ob politisch oder wirtschaftlich eine Sache klären, um eine halbe Stunde Mittagspause zu machen. Dann klären sie die nächste Frage.

Die Franzosen wollen morgens so viele Informationen als möglich, dann mal zwei Stunden essen und danach eine Entscheidung treffen.

Von 1945, nach der Befreiung vom Naziterror, bis weit in die 1950er und 1960er Jahre des letzten Jahrhunderts war die saarländische Gesellschaft in der oberen Etage deshalb sehr französisch. So gehörte in dieser Zeit in das Leben der Oberschicht, damit auch der Geschäftsleute, das Genießen all der Produkte, die Franzosen mögen. Selbst nach 1959, nach der wirtschaftlichen Angliederung an Deutschland, waren französische Produkte vorerst hier 20 Prozent billiger als im übrigen Bundesgebiet. Morgens mal zwölf Austern und ein Glas Champagner, ein ausgedehntes Mittagsmahl und für den Abend besorgte man sich in einem der damals noch weit mehr als heute existierenden Feinkostgeschäfte eine gute Flasche Wein und etwas Gänsestopfleber.

Es ist eine Tatsache, dass im Saarland dadurch schon immer die Produkte auf dem Markt zu kaufen waren, die sich selbst die ersten Sterneköche in der ganzen Bundesrepublik vor allem auf dem Pariser Großmarkt Rungis besorgen mussten.

Im Saarland gab es damals schon Knoblauch, der in dieser Zeit auf Deutschlands Wochenmärkten nicht zu finden war. Hier gab es Lamm, in Deutschland Hammel. In anderen Teilen der Republik gab es Schmalzbrote, in saarländischen Haushalten wurde Rillette auf das frische Baguette gestrichen. Auf deutschen Märkten wurden Zwiebeln verkauft, hier die feine Schwester, die Schalotte. Von Froschschenkel, Schnecken und anderen Köstlichkeiten ganz zu schweigen…

Um zu verstehen, warum dieses Bundesland immer vergleichsweise viele Restaurant-Sterne bezogen auf seine Einwohnerzahl hatte, muss man verstehen, woher die saarländische Genussgesellschaft kommt. Es wurde, ganz selbstverständlich, viel Geld in teure Lebensmittel investiert.

Als ich vor langer Zeit ein Gespräch mit Nina Mann, Sommelière von Schloss Berg und zugezogene Fachfrau hatte, sagte sie: „Ich halte es für wahnsinnig spannend hier zu leben. Vor allem, weil dieses Gefühl für Genuss so stark verwurzelt ist. Die Menschen geben hier gerne Geld für Essen und Trinken aus. Genießen das. Die Mentalität hier ist eine andere, da die Franzosen, die Luxemburger und Belgier hier einen starken Einfluss haben im Saarland. Habe ich so noch nirgendwo erlebt. Doch hier im Saarland ist der Genuss zuhause."

Wie gesagt, ich halte mich kurz. Machen wir nochmals einen Zeitsprung. In die 70er und 80er Jahre. Eckart Witzigmann bekam im Münchner Tantris als erster Koch in Deutschland im Michelin drei Sterne. In Frankreich erfand Michel Guérard vorher die „Nouvelle Cuisine", Alain Chapel avancierte zum besten Koch des Landes und Paul Bocuse wurde zum kulinarischen Marketingchef der Nation. Und dies machte er perfekt!

Wenn man heute Gespräche hört über die „Nouvelle Cuisine" kommt immer das Argument vom letzten Restaurantbesuch. Es hätten drei Erbsen auf dem Teller gelegen. Abgesehen davon, dass heute keiner Portionen mehr braucht, wie früher etwa die Bergleute, ist dies zu kurz gegriffen. Realität war vorher, dass man Fleisch stundenlang garte, dass man Gemüse zu Matsch kochte. Ich erinnere mich noch an Erzählungen in dieser Zeit, wo mir berichtet wurde, es wurde altes Wild serviert, welches wochenlang in einer Essigbeize eingelegt wurde. Und dann die Mengen, die serviert wurden. Bei Familienfeiern in den

Christian Bau

70er Jahren erinnere ich mich noch, war die Menge immer ausschlaggebend, ob ein Gasthaus gut war. Nicht die Qualität. Grausam!

Hingegen sagte Paul Bocuse mal in dieser Zeit: „Ich esse immer so, dass ich noch ein klein wenig Hunger habe, wenn ich vom Tisch aufstehe."

Die Revolution in den Kochtöpfen namens „Neue Küche" gab sich nämlich folgende Regeln:

- Verkürzung der Kochzeiten, Dämpfen als bevorzugte Garmethode.
- Frische der Zutaten.
- Die Speisefolge wird auf wenige Gerichte reduziert.
- Vermeidung kräftiger Marinaden.
- Saucen auf der Basis von Mehlschwitzen werden durch Jus und Demi Glace ersetzt, zum Würzen dienen vor allem Kräuter, Butter und Zitronensaft oder Essig.
- Regionalität von Gerichten und Zutaten.
- Integration neuer Techniken.
- Gesundheitsbewusste Auswahl und Zubereitung.
- Bereitschaft zur Weiterentwicklung.
- Vereinfachung der Zubereitung.

Dieser Kochstil beinhaltete viel mehr, als manche heute erzählen. Er hat die

Küche unserer Zeit nachhaltig geprägt. Auch in unserer Gegend machten sich viele Köche auf, einen neuen Kochstil zu zelebrieren. Sie orientierten sich dabei selbstverständlich nach Frankreich oder in die besten Häuser Deutschlands. Dabei sind zwei Adressen im benachbarten Frankreich für die Saarländer wichtig: Die Brüder Haeberlin im elsässischen Illhäusern erkochten sich auch drei Sterne. Saarländische Köche und Gäste fuhren dorthin, um diese Küche zu goutieren. Und in der Auberge Saint Walfrid in Sarreguemines kochte Jean-Claude Schneider. Sein Restaurant war mit einem Stern ausgezeichnet. Er war befreundet mit Alain Chapel, einer der besten Köche, die ich je erlebt habe! Dieser ging in Sarreguemines ein und aus. Schneiders Köche etwa zu ihm nach Mionnay zur Weiterbildung. Einer von ihnen etwa Christian Stablot vom ehemaligen „La Marmite" in Grosbliederstroff. Gibt es leider nicht mehr.

Auch Schneider hatte eine ungemeine Strahlkraft ins Land.

Im Saarland machten sich die Köche in dieser Epoche auf zu neuen Ufern. Somit gab es auch schnell die ersten Sterne. Der erste saarländische Sternekoch hieß Reiner Hamdorf in der Rôtisserie Nantaise. Er erhielt den Stern im Jahre 1968. Er stammte aus Norddeutschland, kochte aber eine klassische, französische Küche.

Dies war ganz wichtig, denn Michelin hatte ein ziemlich französisches System, wann Sterne zu verleihen waren. Alle führenden deutschen Köche holten sich ihren letzten Schliff in Frankreich, wie Eckart Witzigmann oder Franz Keller bei Haeberlin und Bocuse.

Da waren die Produkte klar vorgeschrieben und der Service wurde begutachtet. Ist ein Sommelier hier für den Wein verantwortlich? Und dann: Stuhlbeine geteilt durch Kellner. Stimmte das Ergebnis nicht, gab es keinen Stern.

Das war aber auch verdammt langweilig! Ein Freund von mir besuchte Mitte der 1980er Jahre in zwei Wochen zehn Drei-Sterne-Restaurants in Frankreich, Deutschland und der Schweiz. Er brachte mir aus jedem Haus eine Karte mit. Da waren die Menus nicht sehr unterschiedlich. Immer die gleichen Produkte. Alain Senderens betrieb in Paris bis nach der Jahrtausendwende das Restaurant „Lucas-Carton" an der Place Madeleine mit drei Sternen. Nach 28 Jahren gab er die drei Sterne zurück mit dem Satz: „Ich möchte nochmals Sardinen servieren!"

Doch Gott sei Dank hat auch Michelin dazu gelernt im Laufe der Jahre. Heute ist die Stadt mit den meisten Sternen Tokyo. Damals undenkbar!

Doch zurück in das Saarland. In den 1980er und 1990er Jahren gab es schon zahlreiche Sterneköche im Saarland. Dazu noch viele, die auf Sterneniveau kochten, aber keinen Stern aus unterschiedlichen Gründen erhielten. Oder ihn ablehnten, weil ihnen langfristig der damit verbundene Aufwand zu groß war. Einige integrierten in ihren Kochstil Einflüsse aus den Küchen der ganzen Welt. Andere nur Einflüsse aus Italien. Doch viele Menschen kamen hierher, da es sich rumgesprochen hatte, dass im Saarland hervorragend gekocht wird!

1983 produzierte das saarländische Wirtschaftsministerium eine Broschüre mit dem Titel: „Gut essen und trinken im Saarland". Ich hab sie noch irgendwo im Regal liegen.

Der große Wolfram Siebeck konstatierte in dieser Broschüre: „... nicht nur se- gensreiche Einflüsse der französischen Küche zu finden... sondern Kochkunst auf einem höheren Niveau, als man es gemeinhin östlich des Rheins zu betrei- ben pflegt."

Er war begeistert von seinem Besuch hier und gab auch zu, nicht damit gerech- net zu haben, in so einem kleinen Bundesland solch eine große Küche vorzufin- den. Es ist kein Geheimnis, dass er öfters Frau Bacher in Neunkirchen besuchte, die saarländische Kochkönigin. Ihre Küche hatte es ihm besonders angetan. Er sagte auch einmal, sie hätte den zweiten Stern nie bekommen, weil sie eine Frau war.

Vor einiger Zeit sprach ich mit Cliff Hämmerle, Sternekoch aus Blieskastel. Er meinte, seine Kochgeneration habe es einfacher als die der Vorgänger. Die ha- ben hier im Saarland eine Hochküche erschaffen, die es so nicht gab vor den 1970er und 1980er Jahren. „Wir sind die Profiteure heute von deren Wissen um große Kochkunst" findet er, „Deshalb konnte man im Saarland noch nie so gut und vielfältig essen wie heute! Das haben wir denen zu verdanken, die unsere Heimat verließen, um in großen Häusern, in Frankreich etwa, diese Kochkunst zu lernen!"

Recht hat er! Denn heute ist es auch die Vielfältigkeit auf sehr hohem Niveau, die das besondere kulinarische Angebot dieses Bundeslandes ausmacht.

■ WALNÜSSE – EINE LANGE HISTORIE

Walnussbäume gehören in diese Kulturlandschaft an der Saar. Überhaupt, zur gesamten Region in Südwestdeutschland und in Grand Est. So trägt etwa der Ort Nussdorf bei Landau die Walnuss in seinem Ortswappen. In der Region wird überwiegend der Echte oder Persische Walnussbaum angebaut.

Walnussbäume sind keine Sprinter, sondern Langläufer. Oft dauert es bis zu 20 Jahren, bis sie einen ansehnlichen Ertrag bringen. Der Walnussbaum wächst auf etwa 20 Meter Höhe, olivgrün bis braun sind die Zweige. Die Blätter sind unpaarig gefiedert und mit fünf bis neun elliptischen Fiederblättchen. Ihr Duft ist aromatisch, aber herb.

Walnussbäume gibt es in der Nähe der Menschen, seitdem die Menschheit beschloss, sich feste Siedlungen zu schaffen. Dazu gibt es archäologische Funde aus der Steinzeit. Zu uns kam die Walnuss aus Persien auf Handelswegen. Von den Griechen bekamen die Römer die Walnüsse. Und die Römer brachten die Nüsse in unsere Region. Seit dem vierten Jahrhundert bauten die Römer Walnussbäume und Reben gemeinsam an. Die Römer nannten den Walnussbaum „königliche Frucht des Jupiteres", „Juglans regia". Beliebt ist auch eine kulinarische Verbindung: Walnüsse und neuer Wein, begleitet von Zwiebelkuchen.

Zuerst brachten die Römer die Walnuss nach Gallien. Von dort kam die Walnuss nach Deutschland. Hier nannte man den Baum zuerst Walchbaum. Denn damals wurden die Bewohner Galliens Walchen genannt. Der Begriff Welsche oder Walsche geht vermutlich auf eine germanische Bezeichnung für Römer und romanisierte Kelten zurück. In der deutschen Sprache werden heute unter

Walnussöl wird in den besten Küchen verwendet.

„welschen" als Exonym jeweils die am nächsten wohnenden romanischen Völker bezeichnet. Varianten dieser Bezeichnung sind in ganz Europa zu finden. Der Ausdruck „Welschland" wurde früher vor allem für Italien und Frankreich verwendet.

Erst im 18. Jahrhundert bekam er den Namen Walnussbaum.

In vielen Kulturen gilt die Walnuss als Symbol der Fruchtbarkeit. So ist es auch ein alter Brauch in unterschiedlichen Kulturen, am Vorabend der Hochzeit einen Korb voller Nüsse ins Schlafzimmer „poltern" zu lassen.

Die Walnuss ist so vielfältig. Die Menschen essen die Nüsse, benutzen sie zur Herstellung von Likör und Öl. Sie lieben das Holz des Baumes und nutzen es auf vielfältige Art und Weise. Das Holz ist so einmalig, dass es für die Massenproduktion nicht benutzt wird. Dafür ist es zu wertvoll mit seiner außergewöhnlichen dunkelbraunen Färbung. So war es schon lange Zeit in Burgund und Italien das bevorzugte Holz der Kirchenholzschnitzer. Vor allem in Frankreich, Griechenland, Deutschland, Österreich, Italien, Spanien und Portugal stehen große Mengen an Walnussbäumen. In unserer Region gibt es zwei große Walnussfeste: einmal im Bliesgau und, schon länger, im luxemburgischen Vianden. Dort hat der Nussbaum eine lange Tradition. Im Jahre 1934 startete dort der erste Viandener Nussmarkt. Im Jahre 1902 gab es in der Landschaft um Vianden schon

2.551 registrierte Walnussbäume. Auf dem Nussmarkt in Vianden ist die kulinarische Auswahl heutzutage groß: von Nusslikör, Nusswurst, Nussbrot, Nusskäse, Nusspfannkuchen, bis zu Nussgin oder Nussschnaps reicht die Auswahl.

Denkt man an Walnüsse, denkt man meist an das Périgord oder das Elsass. Nicht allen ist bekannt, dass einst die Römer den Walnussbaum „Juglans regia" auch in den Bliesgau brachten, wo heute eine stattliche Zahl von ihnen wachsen, mehr als andernorts im Saarland. Häufig in Streuobstwiesen oder nahe von Ansiedlungen, spenden sie den Menschen Nüsse und schattige Plätzchen.

Patric Bies bei der Walnussannahme

Auf Initiative der Bliesgau-Ölmühle in Bliesransbach erinnert seit 2011 das Bliesgau-Walnussfest an diese Tradition. Einmal im Jahr dreht sich alles um die Nuss. Und das meist um den „Johannistag" am 24. Juni, seit alters her der christliche Beginn des Sommers und Auftakt einer hoffentlich ertragreichen Walnusssaison.

Je nach Witterung sind bis „Johannis" die Walnüsse in ihren grünen Schalen noch weich und lassen sich von den Ästen pflücken, in Honig, Zucker oder Essig einlegen und zu „schwarzen Nüssen", einer besonderen Spezialität, verarbeiten. Eine Spezialität, die man eher aus Südfrankreich kennt.

Diese, aber auch allerhand andere Leckereien aus Walnüssen, werden auf dem Bliesgau-Walnussfest vorgestellt. Die Besucherinnen und Besucher erwarten dort alljährlich kreative Speisen aus heimischen Walnüssen und andere exklusive Köstlichkeiten von regionalen Produzenten.

Anfangs meist an wechselnden Veranstaltungsorten, hat sich das Kulturlandschaftszentrum Haus Lochfeld als perfekte Kulisse für diese einmalige Festveranstaltung etabliert. Lochfeld auch deshalb, weil sich dort eines der ersten veganen Bistros im Saarland befindet und Walnüsse vegan und zugleich gesund sind.

Das weit und breit einzigartige Fest um die Walnuss soll helfen, die Menschen auf die enormen Potenziale der Nuss aufmerksam zu machen.

In erster Linie sind es gesundheitliche Vorteile, die Walnüsse zu bieten haben. Denn sie bestehen zu 65 Prozent aus einfach und mehrfach ungesättigten Fettsäuren, haben einen hohen Kaloriengehalt. Walnüsse machen aber nicht unbedingt dick: Sie zügeln nämlich die Lust auf Fettes und Süßes. Positiv ist der hohe Gehalt an dreifach ungesättigten Fettsäuren in Walnüssen: In 100 Gramm Walnüssen stecken etwa 7,5 Gramm Alpha-Linolsäure, so viel wie in keiner anderen Nuss. Diese Fettsäure hält die Zellen elastisch, senkt den Blutdruck und schützt das Herz. Außerdem sind Walnüsse reich an Vitamin E, das die Zellen vor freien Radikalen schützt und Entzündungen lindert. Durch ihren hohen Kaliumgehalt sind Walnüsse auch wichtig für Muskeln und Nerven.

Seit Gründung der Bliesgau-Ölmühle 2007 haben sich Patric Bies und Jörg Hector ganz auf die Herstellung schmackhafter und gesundheitlich wertvoller Speiseöle verschrieben.

In Kooperation mit regionalen Landwirten gelang es, eine große Vielfalt an Ölpflanzen auf saarländischen Feldern heimisch zu machen, um daraus leckere Speiseöle u. a. aus Raps, Leindotter, Hanf, Sonnenblumen, Mariendistel, Lein, Saflor, Drachenkopf sowie Senf und Mohn herzustellen.

Es ärgerte die Ölmüller, dass die Walnussbäume im Bliesgau immer weniger Beachtung finden und auch als Öllieferanten scheinbar ausgedient haben.

„Verschenkte Ressourcen", denn Walnussbäume spielen im Streuobstanbau der Region Bliesgau eine besondere Rolle. Mit dessen Niedergang reduzierte sich auch die Verbreitung des Walnussbaumes. Trotz aller Versuche von Streuobst-Initiativen dieser Entwicklung entgegenzuwirken. Dabei besitzen Walnussbäume gegenüber Obstbäumen weitergehende Potenziale: Der typische Baum des südwestdeutschen Raumes verträgt, im Unterschied zu vielen anderen heimischen Baumarten, höhere Temperaturen, was gerade zu Zeiten der Klimaerwärmung wichtig ist. Er hält Insekten fern und ist ein traditioneller Lieferant von hochwertigem und teurem Möbelholz.

Für Patric Bies und Jörg Hector liegt klar auf der Hand, dass nur durch wirtschaftliche Nutzung das Überleben des Baumes gesichert ist. Ähnlich anderer, regional orientierter Ölmühlen, kauft die Bliesgau Ölmühle seit einigen Jahren Walnüsse aus Sammlungen im Biosphärenreservat auf. Natürlich ungeknackt, um sie einlagern zu können und auf Abruf zu Speiseöl zu verarbeiten. Für das Knacken ist man eine Kooperation mit dem Karcherhof bei Ensheim eingegangen. Dieser vom „Verein zur Pflege von Erde und Mensch e.V." betriebene Hof versteht sich darauf, Menschen, die durch seelische Krisen aus der Bahn geworfen wurden, die Möglichkeit zu geben, wieder behutsam in ein strukturiertes Arbeitsleben einzusteigen. Gerade in der kalten Jahreszeit, wenn kaum landwirtschaftliche Arbeiten anfallen, ist das Knacken von Walnüssen eine Säule der Rentabilität des Betriebs.

Allerdings lassen sich Walnüsse mit herkömmlichen Schnecken-Ölmühlen nicht zuverlässig zu Öl verarbeiten. Der hohe Ölgehalt verhindert, dass sich entsprechender Druck in den Mühlen aufbauen kann, der das Walsnussöl fließen lässt. Waren die beiden Ölmüller anfangs gezwungen, die Nüsse an befreundete Öl-Betriebe zur Pressung abzugeben, investierte man vor Jahren in eine hydraulische Ölpresse. In dieser werden bis zu acht Kilogramm Walnüsse in ein zylinderförmiges Gefäß gefüllt und unter hohen Druck gesetzt. Aus kleinen Öffnungen im Zylinder tropft dann das klare Öl.

Patric Bies hat hierfür einen Verbrauchertipp parat: wer hochwertiges Walnussöl möchte, sollte beim Erwerb auf einiges achten. „100 Prozent kaltgepresstes Walnussöl" gehört in dunkle Flaschen. Walnussöl in hellen Glasflaschen, selbst mit der Aufschrift „kaltgepresst", bleibt besser im Regal stehen. Es enthält wahrscheinlich billiges Ölraffinat mit Walnussöl-Anteilen. Auch gibt der Preis Auskunft, ob es sich um ein hochwertiges oder ernährungsphysiologisch minderwertiges „Pflanzenöl" handelt. Meist fehlen dort der „zartnussige" Geschmack und die gelbliche Farbe. Im Unterschied zu den handwerklich hergestellten Ölspezialitäten der Bliesgau Ölmühle, enthalten die meisten anderen Walnussöle keine Herkunftsangaben, stammen meist aus riesigen, intensiv bewirtschafteten und gespritzten Walnussbaum-Monokulturen rund um das Mittelmeer oder aus Übersee.

Das Walnussöl der Bliesgau-Ölmühle ist hingegen ein Saisonartikel für Genießer, aber nur so lange, wie der Nussvorrat reicht. Danach muss wieder auf ein ertragreiches Walnussjahr gewartet werden…

Die Saarschleife liegt nur ein paar Meter vom
Landiydillhotel Saarschleife. Das Haus mit dem

◼ DIE KÜCHE
IM SAARLAND

Man sagt, das Saarland sei das „französischste" deutsche Bundesland. Die Aussage hat natürlich historische Ursachen. Das Saarland war in der Vergangenheit mal französisch oder auch vorübergehend wirtschaftlich an Frankreich angeschlossen. Französische Esskultur gibt es in Teilen der Bevölkerung heute noch.

Das Saarland ist ein Genießerland innerhalb der Bundesrepublik Deutschland. Köche aus andern Teilen der Republik mögen saarländische Gäste. Die Begründung ist immer gleich: „Ich bin Fan der Saarländer. Als Kunden, das Beste, was es gibt! Sie sind sehr angenehme Menschen. Sie geben für Essen und Trinken gerne Geld aus. Und wir haben immer tolle Gespräche. Sie kommen gerne zu uns, obwohl es im Saarland ja genug gute Restaurants gibt!"

Bekannt ist, dass schon die früheren Adelshäuser an der Saar, ob die von Nassau-Saarbrücken oder die von Pfalz-Zweibrücken, oft am Hof von Paris weilten. Die französische Metropole war von hier schon immer näher als das 760 Kilometer entfernte Berlin. Zumindest kulinarisch! Dass die Schlossküchen und Adelshäuser der feudalen Epochen gut zu leben wussten, gilt vor allem hier an der Saar. In den Pfarrhäusern und Klosterküchen im gesamten Südwesten gehörten eine gute Küche und ein ordentliches Glas Wein zum täglichen Leben. Aber auch die ganz normalen Menschen wussten mit Brot, Speck und Viez, dem saarländischen Apfelwein, ein Fest zu feiern. Den Selbstgebrannten vorm Schlafengehen konnte sich zwar nicht jeder leisten, doch wer uralt werden wollte, hielt sich damit auf Trab.

Wenn es etwas Neues geben sollte, kreierte man ein neues Gericht mit Zutaten aus dem Garten. So gibt es Kartoffelkuchen, Knödel in vielen Varianten, Küchlein und Rollen, Waffeln und Pfannkuchen, Dibbelabbes und Schales. Die saar-

ländische Küche ist ein Schmelztiegel aus vielen Regionen, aus unterschiedlichen Zutaten und Grundlagen.

Das Saarland hat seine kulinarischen Wurzeln auch bei seinen Nachbarn. Nach dem 30-jährigen Krieg 1648 gab es im Saarland fast keine Menschen mehr. Die Schätzungen liegen zwischen 50 und 200. Deshalb ist die heutige saarländische Küche aus vielen Quellen entstanden. Natürlich gibt es eine ureigene saarländische Küche heute. Doch was hier gekocht wird, stammt aus vielen Gegenden. Nicht nur aus Österreich und der Schweiz kamen Menschen, um sich im Saarland anzusiedeln.

Die Küche ist nicht nur eine Küche des Gartens, die unterschiedlichen Kartoffelgerichte sind der eindeutige Beweis dafür, dass vieles im Garten der Küche vorbehalten war. Noch im letzten Jahrhundert hielt so mancher, der im Nebenerwerb Landwirtschaft betrieb, eine „Bergmannskuh". Das war eine Ziege.

Die Pfalz, mit bayerischer Tradition, steht für Schweinebraten und Klöße, für Saumagen und Schlachtplatte.

Aus dem Elsass bekam die saarländische Küche Eisbein und Sauerkraut, Würste und Pasteten. Die Specktorte, der Flammkuchen und das Spanferkel stammen aus Lothringen. Schwenk- und Spießbraten sind traditionelle Spezialitäten aus dem Hunsrück.

Von Mosel und Rhein stammen Suppen, Sauerbraten und Fischrezepte. Auch heute noch werden Spezialitäten aus anderen Teilen der Welt hier in die heimische Küche integriert.

Welche saarländische Familie kocht nicht ihr eigenes Spaghetti- oder Lasagnerezept? Die Linsensuppe wird hier auch schon mal mit Koriander und Zitronengras gereicht. Den Saarländerinnen und Saarländern ist die Freude am Kochen und Genießen angeboren, das Spielen mit Gewürzen zum Volkssport gereift.

Kulinarische Streifzüge durch unsere Region bereiten viel Freude. Kaum eine andere Region hat so viel zu bieten. An der Spitze verbreiten die Drei-Sterne-Tem-

pel royalen Glanz. Dabei liegen auch die Sternerestaurants in Luxemburg, an der Mosel, der Pfalz, der Eifel und der Nachbarn in Frankreich vor der Haustür der Saarländer. Dazu findel man alles auf unterschiedlichem Sterneniveau im Saarland, was möglich ist.

Die Weinbaugebiete an der Saar, der Mosel, der Ruwer, aber auch in der Pfalz, an der Nahe, in Lothringen und im Elsass sind für viele saarländische Genussnasen ein Grund für ausgedehnte Exkursionen.

Selbst ein Besuch in der Champagne ist mit einem schönen Wochenendausflug machbar. Manche Saarländer fahren mal eben mit dem Zug zum Mittagessen nach Paris. Mit dem TGV ist dies in zwei Stunden machbar.

Der Unterschied zwischen deutscher und saarländischer Küche: Die Küche hier ist keine andere, exotische Küche, es ist lediglich Kochkunst auf einem höheren Niveau. Hier gab es immer schon die Produkte, die die französische Küche so berühmt gemacht haben. Vieles davon gehört im Saarland zur „Landes-DNA" der Rezepte und auch der Köche. Die Saarländer haben sich eine Menge von den französischen Nachbarn angeeignet. Schnecken und Flusskrebse wurden dann zuhause nachgekocht oder Froschschenkel und Pasteten zubereitet!

Ein beliebter Treffpunkt der Feinschmecker:
Das Restaurant Indochine.

In anderen Teilen Deutschlands isst man weit weniger anspruchsvoll. Im Saarland reden sie immer vom Essen, der Patron eines Bistrots erzählt Ihnen gerne und ausführlich, bei welchem Kollegen er vor kurzem hervorragend gegessen hat. Die saarländische Gastronomie hatte auch überhaupt keine andere Chance, denn die Konkurrenz im benachbarten Frankreich und Luxemburg lädt zum sonntäglichen Essen ein. Deshalb kochen sie hier, als ginge es um ihr Leben und jeder, der die saarländische Küche bei Mutter kennengelernt hat, weiß sofort, das bessere von dem durchschnittlichen Restaurant zu unterscheiden. Das ist dann der Boden, auf dem kulinarische Besonderheiten entstehen.

Die Grenzregion lernte vom kulinarisch kreativen Nachbarn. Ab 1960 kamen viele italienische Arbeitskräfte ins Saarland. Junge Leute machten Sommerurlaub im Ausland. Sie sahen viel Neues, die Alten blieben auf ihrem so geliebten Schweinebraten mit Salzkartoffeln und Gartengemüse sitzen.

Viele Gastronomen aus der ganzen Welt haben sich heute im Saarland angesiedelt. Und die Saarländer lieben auch ihre Kochkunst!

Hinter Bau und Erfort stehen einige andere auch schon für weitere Ehrungen parat, die Dichte an guten Köchen im Land ist bemerkenswert, gehören jetzt mit ihrer Kochkunst zur absoluten Spitzenklasse im Lande. Jüngere oder Äl-

Grillen wie in Kroatien.
Das gibt es im Restaurant Ivica.

tere, die Kochkunst ist bemerkenswert! Hier gibt es zahlreiche Perlen auf dem Lande und eine Bistrotkultur in den Städten, ähnlich wie in Metz, Nancy oder Strasbourg. Auch diese Restaurants sollten Sie besuchen!

Man kann nämlich hier nicht nur wie Gott in Frankreich leben – kulinarisch sind sie hier schon lange etwas Besonderes! Ich erinnere mich noch an ein Gespräch mit Freunden im Hamburg. Es ging um Kochen und welche Zutaten man wo bekommt. Als ich erzählte, dies sei im Saarland alles kein Problem, denn was ich im Saarland nicht bekomme, kaufe ich in Frankreich. Sind ja nur ein paar Meter. Darauf sagte eine Freundin: „Du lebst ja auch im Paradies!"

Wenn Sie jetzt, wie viele Feinschmecker, die Region so definieren, werden Sie Genuss grenzenlos erleben. Denn nirgendwo werden Sie in einer Region und ihren Nachbarregionen solch ein kulinarisches Glück finden. Eingebettet in die besten Weinbaugebiete, erleben Sie hier unvergleichbare Genussmomente.

Dazu erkunden Sie abwechslungsreiche Landschaften, Sehenswürdigkeiten und tolle Urlaubsziele. Sie lernen offene Menschen kennen, mit denen Sie sofort ins Gespräch kommen und die Ihnen ihre Heimat vorstellen werden.

Genuss grenzenlos, das ist das Motto der Region…

■ APFELWIESEN

Das Saarland ist das Bundesland der Streuobstwiesen. Ob im Norden, Süden, Osten oder Westen. Streuobstwiesen werden Ihren Weg begleiten! Das hat sicher auch historische Gründe. Viele Menschen versuchten in den letzten Jahrhunderten sich selbst zu versorgen. So wurden diese Streuobstwiesen über Jahrhunderte kultiviert. Für sehr viele Tier- und Pflanzenarten sind diese Wiesen überlebenswichtig.

Bis heute dienen sie der Bevölkerung als wichtiger Lieferant aller Sorten von Obst. So auch der Apfelbaum. Äpfel gelten als gesund.

Doch es gibt im Saarland ein Zentrum des Apfels, den Landkreis Merzig-Wadern. Dort ist ja auch das Zentrum des Viezes. Und für Viez braucht man in der Regel Äpfel. Schon die Klöster legten vor Jahrhunderten hier Apfelplantagen an.

Die Einheimischen sagen zu dieser Gegend „Merziger Äppelkischd", Merziger Apfelkiste. Viele Familien besserten sich in dieser Gegend lange Zeit mit Verkauf von Äpfeln die Haushaltkasse auf. Oft schleppten sie die geernteten Äpfel mühsam vom steilen Hang nach Hause. Apfelzentren sind die Dörfer Tünsdorf, Hilbringen, Ballern, Fitten, Schwemmlingen, Wellingen, Weiler, Wehingen und noch einige mehr. In Merzig auf dem Klosterberg werden ebenfalls viele Äpfel angebaut.

Die Besinnung auf alte Obstsorten bringt die geschmackliche Vielfalt. Doch diese Zeit ist fast vorbei. Als in den Supermärkten alles und zu jeder Zeit verfügbar wurde, änderte sich das. Obst in gleißend hellem Licht angeboten und ohne Makel. Das überzeugte viele. Nur wenige fahren heute noch zu ihren Apfelbauern, um bessere Qualität zu bekommen. Auf manchen Höfen kann die Kundschaft ihre Äpfel auch selber pflücken. Leere Körbe und Taschen bringen sie mit. Nach der Ernte wird gewogen und bezahlt.

Äpfel sind gesund. Wegen ihres Pektingehaltes dienen sie auch bei der Herstellung von Marmelade als Eindickungsmittel. Mit dem Apfel lässt sich in der Küche eine Menge anfangen. So essen die Saarländer ihr Nationalgericht „Dibbelabbes", ein Kartoffelgericht, sehr gerne mit Apfelkompott. Äpfel werden in der Küche vielfältig eingesetzt.

Bis zum Ende des 20. Jahrhunderts gab es noch sehr viele Apfelsorten, die vor allem auf den Streuobstwiesen rund um die pittoresken Dörfer angebaut wurden. Die Bewirtschaftung von Obstwiesen hat in unserer Region eine lange Tradition. Nach wie vor prägen sie das Bild der bäuerlichen Kulturlandschaft. Und die Sortenvielfalt erstaunt noch heute: die guten alten Apfelsorten. Alkmene,

Renette, Kaiser Wilhelm, Trierer Weinapfel, Namen mit einer langer Geschichte. Weitere lokale Sorten sind Seitersbirne, Wilwerbirne, Gelbe Koresser, Wallebirn und Herrgottsapfel. Eine weitere lokale Besonderheit gibt es im Saarland: „Brills Sämling" konnte als die einzige bisher nachweislich im Saarland gezüchtete Sorte dokumentiert werden. Sie entstand um 1930 in der Baumschule Brill in Schiffweiler im Kreis Neunkirchen. Alte Obstsorten bringen geschmackliche Vielfalt. Seit einiger Zeit gibt es auch die Streuobstbörse. Ziel dabei ist, Obstwiesenbesitzer, die ihre Wiese nicht mehr bewirtschaften können oder wollen und Menschen, die eine Streuobstwiese kaufen oder pachten möchten, zusammenzuführen. Durch diese Vermittlung bleiben die Bewirtschaftungs- und Nutzungskreisläufe sowie die Streuobstwiesen als Kulturgut der Region erhalten.

■ VIEZ

Es gibt Erinnerungen, die man niemals vergisst! Als Jugendlicher trieb ich viel Sport. Wenn ich dann des Abends aus dem Training nachhause kam, bot sich mir oft eine unvergessliche Erinnerung. Mein Vater saß am Esstisch im Wohnzimmer. Auf dem Tisch hatte er eine Flasche „Viez", eine Zigarre an und las die regionalen Zeitungen.

„Viez" ist der regionale Ausdruck des Apfelweins im Saarland. Was den Hessen ihr „Äppelwoi", den Franzosen ihr „Cidre", den Engländern ihr „Cider", ist den Saarländern ihr „Viez"!

Das Wort geht wohl auf die Zeit zurück, als die Römer in dieser Gegend waren. Sie brachten die Weinkultur ins Land. Der Apfelwein wurde „Vice Vinum" genannt – Stellvertreter des Weins. Die Menschen, vor allem die Landbevölkerung, trank ihn an Stelle des teureren Weins aus Trauben. Apfelwein ist ein heimisches Kulturgut. Das gilt für die gesamte Region Saar-Lothringen-Luxemburg. Er entwickelte sich in dieser Gegend so auch zum Erfrischungsgetränk. Etwa wie Bier. Er hat den Vorteil, dass er nur etwa fünf Prozent Alkohol hat.

Entlang der Viezstraße geht's auch durch Perl...

So fand er im gesellschaftlichen Leben in vielen Situationen seinen Platz. Im Sommer wurde eine Flasche mit zur Arbeit genommen. In das Stahlwerk, zur Arbeit unter Tage oder auf dem Feld. Gerne wird er dann auch mit Wasser vermischt und als Schorle getrunken. Im Winter wurde er auch getrunken, manchmal sogar heiß. Im Saarland kann es Ihnen passieren, dass Gäste auf einem Weihnachtsmarkt keinen Glühwein bestellen, sondern heißen Viez.

„Viezen" bedeutet einerseits den Anbau des Obstes auf Streuobstwiesen, oft alter Sorten, anderseits die Herstellung des „Viezes" aus den geernteten Früchten. Das machen viele Apfelbauer. Bestimmte Bräuche um den Verzehr können von Dorf zu Dorf anders sein.

„Viezen" ist historisch schon lange Bestandteil der regionalen Kultur, dass eine konkrete Entstehung der Kultur um den Viez schwer an einzelne Ereignisse oder Jahreszahlen geknüpft werden kann. Es handelt sich jedoch um eine viele Hundert Jahre alte Tradition, wie schriftliche Erwähnungen des Viezes belegen. Mögliche Hinweise gehen bis in die Antike oder sein Konsum als Weinersatz durch die Römer zurück.

...und dem Merziger Markt

Der Viez hält in der Region die Stellung als traditionelles, regionales Getränk und dies ist mancherorts auch in Kombination mit bestimmten Gerichten verankert. In den zahlreichen Dörfern finden jedes Jahr im Herbst Kelterfeste statt, in den Perler Moselgaudörfern das „Äppelfesch". Also Apfelfest. In der Trierer Gegend gibt es ebenfalls entsprechende Bräuche.

Für Bewirtschafter von Streuobstwiesen ist es nur natürlich, eigenen Viez herzustellen. Insbesondere entlang der touristischen „Viezstraße" von Saarlouis über Merzig und den Moseldörfern bis Trier erfreut er sich in lokalen Gaststätten großer Beliebtheit. Viez wird eigentlich im gesamten Saarland getrunken. Dazu werden gerne regionale Gerichte gereicht. Ich finde Boudin, Püree und Apfelscheiben passen zu Viez wunderbar. Doch lassen Sie sich von den Einheimischen mit anderen regionalen Rezepturen verwöhnen. Der Kreativität sind da keine Grenzen gesetzt!

Folgen Sie der Viezstraße, eine alte Straße, die die Kelten schon kannten. Die Viezstraße ist auch eine Obststraße. Sie hat eine Länge von etwa 180 Kilometern und führt im Saarland durch den Saargau. Bei Wallerfangen können Sie beginnen und ihr bis Trier folgen. Der Saargau verläuft weite Strecken an der französischen Grenze und ist geprägt durch viele Streuobstwiesen. Die Landschaft scheint unbegrenzt, weite Hochebenen mit kleinen pittoresken Dörfern liegen am Weg. Bäume und Felder mit den typischen Obstsorten der Gegend: Äpfel, Birnen, Zwetschgen, Kirschen und Haselnüssen.

Die Viezstraße ist durchgehend beschildert und eignet sich hervorragend für einen Tagesausflug. Ob mit dem Auto, Fahrrad oder eine Motorradtour. Viele Sehenswürdigkeiten laden entlang der Strecke zu einer Besichtigung ein. Der Wolfspark von Werner Freund etwa oder der „Garten der Sinne", beide in Merzig, die Burg in Siersburg hoch über der Saar, die romantische Nied und das Bauernhofmuseum „Haus Saargau" in Gisingen. Aber auch die Römische Villa Borg, das Freilichtmuseum „Roscheider Hof" in Konz, da wo die Saar in die Mosel mündet. Im Dreiländereck hier gibt es über 20 „Gärten der Sinne". Alle sehr interessant! Die römischen Bauten von Trier sind immer einen Besuch wert. Dies sind nur einige der Höhepunkte direkt an der Viezstraße.

Vorbei an hochstämmigen Apfel- und Birnenbäumen. Manche Obstbauern machen auch aus Birnen Viez. Regionale Obstsorten wachsen hier auf ausgedehnten Streuobstwiesen. Diese sind ganz wichtig und ökologisch wertvoll als Lebensräume vieler Tiere und Pflanzen. Die Muschelkalkböden sowie die unterschiedlichen Landschaften sind die Grundlage der Aromenvielfalt. Für Viez werden unterschiedliche Apfelsorten verwendet, manchmal auch ganz alte Sorten. Sie heißen Viezäpfel, manche Obstbauern sagen auch Holzäpfel. Mit hohem Säuregehalt. Meist sind es kleine, saure, aber sehr aromatische Äpfel. Etwa der Trierer Weinapfel, der Wiesenapfel, der Porzellanapfel, der Erbachhofer und der Bohnapfel.

Sie sollten ganz besondere Sehenswürdigkeiten in dieser Gegend nicht verpassen: etwa die „Steine an der Grenze". Ein ganz außergewöhnliches Kunstwerk, über viele Kilometer. Bildhauer aus der ganzen Welt haben es geschaffen. Mit viel Symbolik. So hat der Künstler Thomas Wojciechowicz etwa einen deutsch-französischen Grenzstein in die Vergangenheit geschickt, indem er zwei Sandsteinplatten darüber bearbeitete. Der Grenzstein stammte von 1830 und heute brauchen wir ihn nicht mehr.

Natürlich muss man, wenn man das Saarland besucht, die Saarschleife besichtigen. Ein Naturschauspiel, wie sich dieser Fluss auf einer Strecke von zehn Kilometern seinen Weg durch die Mittelgebirgslandschaft erkämpfte. Links und rechts gehen steile Berghänge vom Wasser hoch. Beeindruckend!

Ich liebe diese Gegend. In dieser Gegend feiern auch viele Obstbauern und Dörfer Viezfest. Vor ihren alten lothringischen Bauernhäusern, die auch das Saarland prägen. Da werden auch unterschiedliche Vieze und ihre Produzenten ausgezeichnet.

Hauptstadt des Viezes ist im Saarland Merzig. Hier feiern die Menschen am ersten Oktoberwochenende das traditionelle große Viezfest und wählen die Viezkönigin. Diese Region ist eine uralte Kulturlandschaft. Die Viezregion um Merzig zeigt uns auch sehr viele römische Zeugnisse.

Unsere französischen Nachbarn besuchen während der vielen Viezfeste die vielen kleinen Dörfer an der Viezstraße. Sie nehmen teil an den Ernte- und Viezfesten, in der „Region du Cidre", wie sie diese Region nennen. Oder sie besuchen auch die zahlreichen Obstbrennereien der Gegend. „Eau-de-Vie", Lebenswasser, sagen sie zum Edelbrand.

Viele kleine Manufakturen machen ihren besonderen Viez. Doch, drei Grundarten der Viezherstellung schmecken eindeutig unterschiedlich. Der Merziger süße Viez ist eher mild. Ein anderer Merziger Viez hat einen feinherberen Geschmack. Der so gekelterte Apfelsaft zeichnet sich durch einen fruchtigen Geschmack und ein genussvolles Zusammenspiel von Süße und Säure aus. Ganz anders schmeckt die dritte Geschmacksrichtung, der Merziger „Alte Särkower Viez". Herb-würzig ist sein Aroma, nach alter Bauernart gekeltert. Und das hat seinen Grund, denn er stammt von dem Landstrich zwischen Saar und französischer Grenze, wo die typischen Apfelsorten für diese Geschmacksrichtung wachsen. Deshalb hat er viel Säure und schmeckt herber als die andern. Übrigens: Ich ziehe immer den Viez eines Obstbauern, dem, der industriell hergestellt ist, vor. Was man noch beachten sollte: Es gibt Apfelbauern, die machen nur einen Viez. Und der lässt sich nicht in eine Geschmacksrichtung definieren. Der schmeckt in diesem Dorf, bei diesem Bauern, so. Das ist gut so!

PFLANZENÖLREGION SAARLAND

Das Saarland, mitten im Herzen Europas gelegen, gehört zu den Landstrichen, die man gerne als europäische „Kernregion" bezeichnet. Das Saarland war mal deutsch, mal französisch, mal unabhängig. Seine wechselvolle Geschichte hat die Mentalität der Bewohner genauso geprägt wie deren Küche.

Weniger bekannt ist dagegen, dass hier das Herz einer Pflanzenölregion schlägt. Nicht erst, als seit Beginn der zweitausender Jahre Landwirte begannen, wieder alte Kulturpflanzen anzubauen, um daraus genussreiche Speiseöle herzustellen. In fast allen Fachgeschäften angeboten, finden sie in den heimischen Küchen reichliche Verwendung.

Schon vor Jahrhunderten, also lange vor der Industrialisierung, spielten Ölpflanzen im Alltag der „Saarländer" eine große Rolle. Denn diese waren schon in ihrer Geschichte essenziell, das heißt für das Überleben unverzichtbar. Ölpflanzen wurden großflächig angebaut und verarbeitet. Mehrere Dutzend Ölmühlen soll es früher im Gebiet des heutigen Saarlandes gegeben haben. Die älteste, bis heute erhalten gebliebene, ist die Historische Ölmühle Berschweiler, die 2019 auf ihr 250-jähriges Bestehen zurückblicken durfte.

Doch viel Wissen über Volksbrauchtum, Lebensweise und Arbeitsbedingungen gingen im Laufe der Zeit verloren. Umso mehr verraten uns heute Straßen- und Flurnamen die Geschichte der einstigen „Pflanzenölregion Saarland".

Weit verbreitet sind Bezeichnungen für Ölpflanzen, am bekanntesten der Hanf. „Im Hanfland" wähnte man sich im Merziger Stadtteil Hilbringen, dort wo früher der Anbau und die Fasergewinnung zur Herstellung von Kleidern und Schiffsbau besonders bedeutend waren.

Merzigs wichtigster Jahrmarkt bis in die Neuzeit - immer am 6. Dezember - war dem heiligen Nikolaus, dem Schutzheiligen der Merziger Schiffer und Krämer gewidmet. „Er hieß im Volksmund allgemein bloß Hanf- oder Gezeihmarkt, nach den wichtigsten Produkten benannt, die hier zum Angebot kamen", heißt es in einer alten Geschichte über Merzig. Auf diesem Markt dürfte nicht nur um

Hanffasern gefeilscht worden sein. Vermutlich auch Hanfsamen, die ein köstliches, stark nussig schmeckendes Öl ergeben und nicht unwesentlich zum guten Ruf des Hanfmarkts beigetragen haben dürften.

Mit „Magsamen" wurden in früheren Jahrhunderten die Samen des Mohns bezeichnet. Bis weit ins 20. Jahrhundert zählte Mohnöl zum beliebtesten Speiseöl in Deutschland. Verantwortlich hierfür war der sehr zarte Geschmack, woran man sich wohl erinnerte, als man in Beckingen, Homburg, Oberthal und Ludweiler Straßen den Namen „Mohnweg" gab. Den Haselnüssen und Walnüssen wird in Bexbach im Haselnußweg, in Ensdorf in der Nußgartenstraße, in Homburg in der Nußbaumstraße in Merchweiler mit Zum Nußwäldchen, in Besseringen mit dem Haselnußweg, in Saarbrücken der Nußbergtreppe, in Saarwellingen und Schmelz mit dem Haselnußweg eine bleibende Erinnerung gesetzt.

Eine weitere wichtige Quelle über die frühere Bedeutung von Ölen für die Menschen stammte von dem großen Botaniker Hieronymus Bock (1498–1554) und seinen Betrachtungen über die „Teutsche Küche" aus dem Jahr 1546. Bock zählt im Gebrauch befindliche Öle auf: Mandeln, Baumnüsse (Walnuss), Haselnüsse, Magsamen (Mohn), Rübsamen (Raps), Leinsamen und Hanfsamen. Bock fährt fort: „Solche Öhl brauchen wir Teutschen zu gemeiner Notturft der Hauß-

Jörg Hector und Patric Bies von der Bliesgau-Ölmühle wurde schon unzählige Male für ihre hervorragenden Öle ausgezeichnet.

haltung, nemlich in der Küchen, und in der Kirchen, zu Speisen und Gottesdiensten."

Bock gilt heute auch als wichtige Quelle für die damalige kulinarische Bedeutung von Leindotter (Camelina sativa). Über die als „Flachsdotter" bezeichnete Leindotterpflanze weiß Bock zu berichten: „Das Beste an diesem Samen ist das Öl welches gar süß und lieblich ist."

Als alte Kulturpflanze kann sie im Gebiet zwischen Mosel und Saar auf eine lange Geschichte zurückblicken, was zahlreiche Samenfunde bei archäologischen Ausgrabungen in Siedlungen der Kelten bestätigen.

Bock widmete übrigens sein Buch dem Grafen von Saarbrücken, an dessen Hof er sich einige Jahre aufhielt und für den er einen Kräutergarten am Saarbrücker Schloss anlegte.

Heute stehen in guten Restaurants kaltgepresste Öle wieder ganz oben auf den Speisekarten.

Einige Volksfeste, darunter das „Bliesgau-Walnussfest" oder das „Leinblüten-fest" knüpfen an die Pflanzenöl-Geschichte an.

In alten Ölmühlen, wie der historischen Wassermühle der Familie Wern im Ott-weiler Ortsteil Fürth, machte man in den letzten Jahren die frühere Ölherstel-lung wieder lebendig.

Weitere historische Ölmühlen befinden sich in Bischmisheim, Weiskirchen-Kon-feld und in Heusweiler-Berschweiler, wo Familie Reimann die wohl älteste Öl-mühle besitzt und man sich gerne über angemeldete Besucher freut.

Das kulturhistorisch und kulinarisch einmalige Thema Pflanzenöle hat sich fast un-merklich zu einem besonderen Highlight im Saarland entwickelt. Dies gilt mittlerwei-le für unterschiedliche Sorten. Mittlerweile blühen im Mai in vielen Teilen des Saar-landes leuchtend gelbe Rapsfelder. In der französischen Grenzregion übrigens auch.

Sie sind seit Jahrhunderten Teil unserer Kulturlandschaft. In Mitteleuropa las-sen sich die Anfänge des Rapsanbaus bis in das 14. Jahrhundert zurückverfol-gen. Heute steht das Rapsöl dem Olivenöl in der Küche in nichts nach. Geerntet wird der Raps im Juli, anschließend auf Qualität geprüft und zu bestem Speise-öl gepresst. Wichtig ist, dass der typisch nussige Geschmack und die wertvollen Inhaltsstoffe dabei erhalten bleiben.

Ein Blick auf die Zusammensetzung des Rapsöls erklärt diese Besonderheit: Genau wie andere Fette auch, besteht das goldgelbe Pflanzenöl aus verschiedenen Fettsäuren. Man unterteilt diese in gesättigte, einfach ungesättigte und mehrfach ungesättigte Fettsäuren.

Die ungesättigten Fettsäuren schneiden im Gesundheitsvergleich besser ab als gesättigte, denn sie sollen positiv auf den Blutcholesterinspiegel wirken und vor Arterienverkalkung schützen.

Einige ungesättigte Fettsäuren, zum Beispiel Linolsäure – Omega-6 und Alpha-Linolensäure – Omega-3, sind besonders wichtig für uns, da unser Körper

diese nicht selber produzieren kann. Rapsöl aus dem Saarland liefert reichlich Linolsäure und Alpha-Linolensäure. Und noch mehr steckt im milden Öl der Kreuzblütlerpflanze: Vitamin E. Dieses Vitamin soll die Zellen vor Schädigungen schützen und positiv auf den Blutkreislauf wirken.

Aber auch heimisches Öl aus Schwarzkümmel ist in vielen Küchen beliebt.

Schwarzkümmel ist eine alte Gewürz- und Heilpflanze, die sich heute großer Beliebtheit erfreut. Deren schwarze Samen oder das daraus kalt gepresste Öl verleihen Gemüse- und Fleischgerichten sowie Teigwaren eine besondere Note.

Auf dem Hanffeld

Der echte Schwarzkümmel – übrigens nicht mit unserem Kreuzkümmel verwandt – stammt ursprünglich aus Kleinasien, wo er heute noch eine wichtige
Gewürzpflanze ist. Obwohl von zahlreichen Botanikern des ausgehenden Mittelalters als „Schwarzer Coriander" eingehend beschrieben, war der Schwarzkümmel bis in die Neuzeit in Mitteleuropa als Ackerpflanze nur selten anzutreffen.

Doch dank der heißen und trockenen Sommer der letzten Jahre gedeiht die
Schwarzkümmelpflanze inzwischen auch im Biosphärenreservat Bliesgau, wo
sich die Kulturpflanze als sehr robust gegen Krankheiten und Schädlinge er-
wiesen hat.

Moderne, aber ganz in der Tradition alter Mühlen stehender Ölherstellung,
lernt man in der Bliesgau-Ölmühle bei Bliesransbach kennen. An dem auf Gut
Hartungshof arbeitenden Betrieb führt der „Ölschleifenweg" als deutsch-französischer Kulturwanderweg vorbei, auf dem sich im Sommer die zahlreichen
„oberirdischen Ölfelder" erwandern, aber auch die wechselvolle Geschichte der
Grenzregion erfahren lässt.

Die Bliesgau Ölmühle hat sich seit 2007 ganz dem Anbau und der Herstellung
heimischer, genussreicher und seltener Speiseöle verschrieben. Patric Bies und

Mariendisteln

Jörg Hector haben durch viele Initiativen hochwertiger Speiseölherstellung im Saarland dieser einen ungeheuren Schub gegeben.

Die Anfänge dafür liegen schon Jahre zurück. Bereits vor der Jahrtausendwende begann die Beschäftigung der beiden Ölhersteller mit „Leindotteröl, dem Öl der Kelten", welches Patric Bies für die deutsche Küche wiederentdeckte. Jörg Hector entwickelte ab 2002 die Marke „Bliesgauöle" und spezialisierte sich auf die Herstellung feiner Gewürz- und Kräuteröle aus dem „Biosphärenreservat Bliesgau".

Gemeinsam setzen sie auf Impulse für die heimische Landwirtschaft, höchste Qualität und kulinarische Sinnesfreuden, wozu auch die Verbindung von Kulinarik mit Landschaft gehört. So initiierten sie das alljährlich im Juli stattfindende „Leinblütenfest" – das einzige seiner Art in Europa – an der „Historischen Ölmühle Wern" in Ottweiler und das „Bliesgau-Walnussfest" im idyllischen Mandelbachtal.

Weitere Aktivitäten der Bliesgauölmühle sind die Erzeugung von Hülsenfrüchten, die Verarbeitung von Senfsaaten, Herstellung und Vertrieb von Gewürzölen und Apfelessigen, sowie der Verkauf von hochwertigem Tierfutter und Ölsaaten.

Mischfrucht-Anbau Leindotter und Lupine

Raps wurde schon im 18. Jahrhundert im Fürstentum Nassau-Saarbrücken kultiviert. Da diese Frucht dem „Kleinen Zehnt" zugerechnet wurde, kennt man die Orte, in denen Raps angebaut wurde: Scheidt, Güdingen, St. Arnual, die Warndtorte, Malstatt, Dudweiler, Sulzbach, die Meiereien Falscheid und Völklingen.

(Blies-)Ransbach weigerte sich, den Rapszehnt zu geben, weil die Gemeinde vor der Zugehörigkeit zu Nassau-Saarbrücken niemals diese Abgabe geleistet hatte.

*Der Hofladen des Wendelinushofes
bietet ein großes Sortiment.*

■ HOFLÄDEN

Hofläden, kleine Genussmanufakturen, Fachgeschäfte und herrliche Märkte mit regionalen Produkten gibt es an der Saar von der Quelle bis zur Mündung. Es ist unmöglich, sie alle hier aufzuzählen.

Es gibt auch Initiativen, die Sie zu guten Adressen führen! Etwa in Lothringen die Initiative „MOSL". Ziel ist es bei dieser Initiative die moselländische Identität aufzuwerten. Vom Restaurant mit Michelin-Stern, anderen ausgezeichneten Restaurants, aber auch über den Bauerngasthof, lokaler Produzenten , Imker oder die Dorfstube bis zum Food-Truck. All diese lokalen Genussmanufakturen bevorzugen eine Beschaffung lokaler Rohstoffe und Produkte. Die Anbieter wurden nach strengen Gesichtspunkten bezüglich ihres Wissens, Könnens und der Qualität ausgewählt.

Eine regionale Initiative im Elsass heißt „Savourez l'Alsace - Produit du Terroir". Seit 2012 bewerben sie damit die guten, regionalen Produkte aus dem Elsass. Nicht nur von elsässischen Bauernhöfen.

Oder im Saarland „Ebbes von Hei", auf hochdeutsch „etwas von hier". Diese Regionalinitiative gründete sich, um die Entwicklung in der Saar-Hunsrück-Region voranzutreiben. Als Zusammenschluss von Gastronomen, Genusshandwerkern, Landwirten, Direktvermarktern, Dienstleistern, Kulturschaffenden und zahlreichen Institutionen aus der Region.

Im Netzwerk „Genuss Region Saarland" vereinen sich Produzenten, Landwirte und Gastronomen, die sich der Regionalität verschrieben haben und typisch saarländischen Genuss anbieten. Wo immer Sie auf das Logo dieses Netzwerkes stoßen, können Sie ein echtes Stück Saarland goutieren.

Der Hofladen Zenner, vom Bioland-Marienhof in Gerlfangen, ist als bundesweit bester Bio-Hofladen einst ausgezeichnet worden. Die Leserinnen und Leser des

Naturkost-Magazins „Schrot und Korn" hatten so entschieden.

Es ist eine lange Geschichte, wie viele Menschen sich hier um gute Lebensmittel kümmern. Von Abreschviller bis Konz liegen diese besonderen Adressen am Weg. Manchmal muss man einen kleinen Umweg fahren, doch es lohnt sich fast immer!

Ich möchte aber auf drei Hofläden verweisen, die ich ganz besonders finde. Denn sie arbeiten zusammen mit Menschen mit Handicap und produzieren Lebensmittel von ganz besonderer Qualität!

Am Ortsrand von Bliesransbach, etwa zehn Kilometer südlich von Saarbrü-cken, liegt der Wintringer Hof, ein Inklusionsbetrieb, im Biosphärenreservat Bliesgau. Dieses Ensemble hier ist etwas ganz Besonderes! Sie finden vor Ort das Landgasthaus Wintringer Hof mit Hofgarten, das Gästehaus mit vier Zim-mern, die Wintringer Kapelle, einen Hofladen. Über 100 Mitarbeiter arbeiten in den Bereichen Landwirtschaft, Obstbau, Gemüsebau, Kelterei, Gastronomie, Verarbeitung und Vermarktung, sowie im Garten- und Landschaftsbau. Eine Mutterkuhherde lebt ebenso auf dem Hof wie Schweine, Hähnchen und Hühner im Hühnermobil. Ein Landwirtschaftsbetrieb, der schon seit 1987 von „Bioland" zertifiziert ist. Sie vertreiben ihre Lebensmittel auf verschiedenen Märkten, etwa in Saarbrücken.

Im Nordosten des Saarlandes liegt die herrliche Stadt Sankt Wendel. Der Wen-delinushof auf dem ehemaligen „Paterhof" des Ordens der Steyler Missionare in St. Wendel ist eine Werkstatt für behinderte Menschen. Der 100-jährigen tra-ditionellen Nutzung des Wendelinushofes durch die Steyler Missionare als land-wirtschaftlichem Betrieb und Ausbildungsstätte für junge Menschen folgend, hat der Wendelinushof das Ziel, 100 Arbeitsplätze für behinderte Menschen im „grünen Bereich" zu schaffen. So erreichen sie ihre Ziele Arbeitsplätze zur Ver-fügung zu stellen, regionale Wertschöpfung und ökologische Nachhaltigkeit in der Region zu realisieren. Und zwar in allen Bereichen: Landwirtschaft, Garten-bau, Marktaufbereitung, Hofladen und hofeigenem Restaurant. Im Restaurant gibt es morgens Frühstück und bis abends ist hier immer etwas los.

Da, wo die Rieslingreben der Saar beginnen, in Serrig, gibt es einen weiteren lobenswerten Betrieb nach gleichem Muster. Besuchen Sie mal dort den Dorfladen vom Hofgut Serrig. Hier produzieren sie neben den hervorragen Lebensmitteln auch selbst gewebte Taschen, Schreinerei- oder Korbflechtprodukte. Ein breites Produktspektrum wird angeboten, von ausgezeichneter handwerklicher Qualität. Dazu gibt es im Hofladen das, was ich oft suche: Eier, Nudeln, Konfitüren, Honig, Säfte und Edelbrände. Aber auch Obst und Gemüse der Saison. Frischfleisch und Wurst, Backwaren, Fruchtsäfte und Wein. Schauen Sie sich um! Die Sitzecke lädt zum Verweilen ein. Hier können Sie gemütlich eine Tasse Kaffee trinken oder Produkte kennenlernen.

Achten Sie auch auf die verschiedenen Feste, nicht nur im Sommer. Immer wieder finden Sie dort gute, regionale Produkte. Oder finden Sie die national und international ausgezeichneten Spezialitäten, die sich ganz der Philosophie von Slow-Food verschrieben haben. Wer sonst als die Genusshandwerker in Lothringen, Elsass, Saarland und Rheinland-Pfalz können mit solchen kulinarischen Schätzen wuchern?

Natürlich geht es hier auch immer grenzüberschreitend! Sie finden, ganz selbstverständlich, auch gute französische Produkte im Saarland und umgekehrt. In Hofläden und Fachgeschäften.

Im Restaurant vom Wintringer Hof

Beispielhaft etwa im Hofladen des Restaurants Schnabel im Saarbrücker Stadt-teil Gersweiler. Jürgen Schnabel stammt aus dem rumänischen Siebenbürgen. Erst mit 14 Jahren kam er ins Saarland. Seine Kindheit war geprägt vom Le-ben auf dem Bauernhof mit der Großfamilie. Dort lernte er, wie man sorgfältig und nachhaltig mit Lebensmitteln umgeht. Dazu kommt seine Liebe zu Frank-reich. Das ist dann das Rezept für ein besonderes Überraschungsmenu. Denn neben den besten Produkten aus dem Saarland vertreibt er dort auch vieles aus Frankreich. Dazu hat er eine einmalige Weinhandlung mit Spezialitäten aus Osteuropa. Er benutzt natürlich alle Viktualien, die er im Hofladen vertreibt, in der Küche des eigenen Restaurants.

Grundlage für diese einmalige Zusammenstellung sind seine freundschaftli-chen Beziehungen zu vielen Bauern im Saarland, Lothringen, Elsass und Rhein-land-Pfalz. Einige Bauern züchten ihm auch Tiere. Jürgen Schnabel ist der Ein-zige weit und breit, der Tiere auf einem lothringischen Bauernhof hält, die ihm gehören. Dort hält er etwa Kapaune. Man muss im Januar bei ihm bestellen, um am besonderen Menu im Dezember teilnehmen zu können. Dort hält er auch Schweine, Perlhühner und Hühner.

Jürgen Schnabel kauft für Hofladen und Restaurant
nur beste Viktualien in Frankreich und Deutschland.

Weiterhin arbeitet er eng mit dem Hunnackerhof im Mandelbachtal zusammen. Oberhalb vom Gräfinthaler Hof, das ist ein gutes Restaurant! Sie züchten dort Wagyu Rinder, Büffel und Schweine. Auch hier werden Schweine nur für Schnabel gezüchtet. Besitzer Dennis König züchtet auch Belota-Schweine und Iberico-Schweine. Diese kreuzt er auch als Bliesgau-Landschwein. Jürgen Schnabel erinnert sich: „Als ich zum ersten Mal dort war, bin ich zu den Schweinen gegangen. Dann wurden sie gefüttert. Das erinnerte mich an meine Kindheit in Rumänien. Das Futter für die Schweine war selber gekocht. Wie bei meinen Eltern! Dampfende Kartoffeln, dazwischen Korn. Das kennt man ja kaum noch."

Wie gesagt, sein Hofladen ist deutsch-französisch. Ich war mit ihm schon auf einigen dieser Höfe in der Region. Auch in der Nähe von Bitche, in Lothringen, bei Madame Lily Fuchs.

Aus dem Elsass bezieht Schnabel seine Schnecken, Safran und Bergkäse. Wir waren auch schon auf dem Bioland zertifizierten Huf-Hof im Nordsaarland. Dort kauft er Rindfleisch, auch Fleisch von den wild lebenden ungarischen Steppenrindern. Alle seine Kartoffeln für seinen Betrieb lässt er dort anbauen. Meine Lieblingssorte: Soraya. Von Hand bearbeitet! Nicht von der Maschine geerntet. Letzten Winter hatte ich 50 Kilo dieser Sorte vom Huf-Hof. Jürgen Schnabel hat dort sein eigenes Kartoffelfeld.

In seinem Hofladen gibt es auch eingekochtes Essen. Ob Tafelspitz, Boeuf Bourguinon oder Linseneintopf. Eingeweckt in Gläsern. Dazu gibt es auch das beste Öl, den besten Kaffee, Mehl, Linsen, Gewürze und was weiß ich noch. Alles aus dem Saarland. Auch Pastis aus Lothringen und den „Pastis de la Sarre" aus Tholey. Regional ist die Philosophie hier.

Ein weiterer Laden mit besonderen regionalen Produkten ist das Restaurant „Chez David" mit Hofladen im saarländischen Sitterswald. David ist Franzose, immer auf der Suche nach bester Qualität. David Nussbaum steht mit seiner Kochkunst für die klassische französische Küche. Diese beherrscht er aus dem Eff-Eff. In den letzten Jahren fiel mir dazu auf, dass er sich sehr um Regionalität bemüht. Mittlerweile arbeitet er mit der Landwirtschaft im Bliesgau eng zusammen. Außerdem stellt er seine eigenen Pasteten und seine eigene Wurst her, die man auch in seinem Hofladen kaufen kann.

■ LINSEN

Hülsenfrüchte spielten in der saarländischen Küche schon immer eine Rolle. Sie sind gesund und haben viele Menschen in dieser Gegend ernährt. Und ernähren sie weiterhin. Den ersten Sonntag in der Fastenzeit nennt man „Erbsensonntag". An diesem Tag startet „Slow-Food Saarland" mit verschiedenen Restaurants die Hülsenfrüchtewochen. Im nordsaarländischen Wadrill wird dieser „Erbsensonntag" gefeiert. Wenn es dunkel wird, rollt dann dort ein brennendes Strohrad den Berg hinab. Das Rad ist ein Symbol der Sonne und soll eine erfolgreiche Ernte bringen. Und den Segen und Schutz über Äcker und die gesamte Natur. Immer im September wird in Besseringen am ersten Wochenende im September die Linsenkönigin gewählt. Mit dem Linsenfest seit 1981!

Wie die Linsen ins Saarland zurückkamen

von Patric Bies

Rolf Klöckner, den ich schon seit vielen Jahren kenne und dessen unermüdlichen Einsatz für die Genussregion Saarland sehr schätze, fragte, ob ich mal aufschreiben könnte, „wie ich die Linsen ins Saarland brachte". Daraufhin antwortete ich, dass ein nennenswerter Linsenanbau zweifellos weit vor meiner Zeit, bereits vor Jahrhunderten oder Jahrtausenden im Landstrich an der Saar und Blies stattfand und sich meine bescheidene Rolle allenfalls auf eine neuerliche Rekultivierung beschränkt. Aber gerne könne ich etwas über diese interessante Hülsenfrucht zu Papier bringen.

Als geborener und eher montangeprägter Völklinger hätte ich mir vor Jahrzehnten nicht träumen lassen, mich einmal mit landwirtschaftlichen Fragen zu beschäftigen. Aber es war wohl das Spannungsfeld von Industrie- und Agrikultur, die mich reizte und ermutigte, eine Regionalinitiative zu starten, die unsere Region nach vorne bringen sollte.

Doch zuvor begab ich mich auf ein fremdes Terrain, wollte ich doch nichts Neues erfinden, sondern an Vergangenem anknüpfen. Zwar haben Historiker die Vergangenheit des Saarlandes gut rekonstruiert, doch die Agrargeschichte gehört eher nicht dazu. Obwohl wir uns inzwischen als Region bezeichnen, in der gutes Essen großgeschrieben wird, existieren über Gewinnung von Lebensmitteln kaum Quellen. Nach meiner Sicht ist es problematisch, das heutige „Sarrevoir vivre" auf die Vergangenheit zu projizieren. Bis in die 1960er Jahre des 20. Jahrhunderts bestimmte meist „Schmalhans" die Mahlzeiten unserer Altvorderen, durfte man froh sein, die Mägen mit irgendetwas Hochwertigem füllen zu können.

Dennoch bin ich bei näherer Beschäftigung mit unserer Tischkultur auf Indizien gestoßen, die das Saarland als diesbezüglich vielfältigen Landstrich erscheinen lassen. Das beweisen schon die vielen Bezüge des Botanikers, Naturheilkund-

Hülsenfrüchte sind gesund und ernähren viele Menschen.

lers und Theologen Hieronymus Bock (1498-1554) in seinem dem Grafen von Saarbrücken gewidmeten Kräuterbuch, von dem ein Exemplar im Historischen Museum am Saarbrücker Schloss bewundert werden kann. Bock beschreibt darin eine Kulturpflanzenwelt, die noch weitgehend keine Pflanzen aus Amerika kannte. Über Linsen heißt es darin, dass sie „den harten Bauch" erweichen. Und weiter: „Die rechte Linsen sind mir neulich aus Lothringen kommen. Sie sind den gemeinen Linsen in allen Dingen gleich aber viel schöner, größer und breiter."

Aber auch andere Hülsenfrüchte wie Erbsen oder Bohnen - in dem Fall Ackerbohnen - waren aus dem Leben der Menschen vor 500 Jahren nicht wegzudenken. Dies belegen archäologische Ausgrabungen auf dem Gelände der römischen Villa Borg im Landkreis Merzig-Wadern, wo man Reste von Hülsenfrüchten fand. Nur 15 Kilometer südwestlich von Saarbrücken im lothringischen Farébersviller stießen Forscher in keltischen Gräbern neben Ackerbohnen und Erbsen auf Überreste von Linsen.

Bis nach dem Zweiten Weltkrieg wurden die im Saarland angebauten Linsen ausschließlich in der Region verzehrt. Danach nahm die Agroindustrie einen solchen Aufschwung, dass die Hülsenfrüchte völlig von unseren Feldern verschwanden. Mit dem Auftreten von Fleisch auf dem täglichen Speiseplan verschmähte man immer häufiger auch die Linsensuppe. Leider ein weltweit zu

beobachtender Trend, nimmt doch der menschliche Körper das tierische Eiweiß viel schneller auf als das der Pflanze, weshalb sich der Hang zur Fleischlastigkeit erklären lässt.

Kurz nachdem ich begann, mich im Rahmen von landwirtschaftlichen Projekten näher mit Ölpflanzen zu beschäftigen, stieß ich auf den mir bis dahin unbekannten Leindotter. Diese Pflanze ergab nicht nur ein leckeres Speiseöl, sondern eignete sich hervorragend für die „Mischfrucht", also den Anbau von zwei oder mehr Kulturpflanzen auf einem Feld. Was nicht nur Vorteile für den Ackerboden hat, sondern auch die Möglichkeit eröffnet, hierüber zum Wiederanbau der Linsenpflanze zu gelangen. Denn die „Lens culinaris", wie sie im Lateinischen heißt, ist ein zartes Pflänzchen, das nicht alleine wachsen kann und sich an einem Mischungspartner abstützen muss.

Außer Leindotter kommt hierfür nur noch Hafer oder Gerste infrage. Dabei dürfen sie mit den Linsen in keiner Nährstoffkonkurrenz stehen und müssen zeitgleich reifen. So wurde ich übrigens mit Woldemar Mammel von Deutschlands bekanntestem Linsenanbauprojekt auf der Schwäbischen Alb bekannt, wo man über die Linsen auf Leindotter kam, während ich mich über Leindotter der Linse näherte. Wertvolles Wissen - ich über die Gewinnung von Leindotteröl, Woldemar Mammel über den Linsenanbau - ließ sich transferieren.

Ab 2012 begann der erste Landwirt im Bliesgau Leindotter mit Grünen Linsen anzubauen. Heute sind es vier Landwirte, bei denen die Grüne, „Puy Linsen", Schwarze „Beluga Linsen" und Rote Linsen „Champagner Linsen" für unser Hülsenfrüchteprojekt geerntet werden. 2018 kamen grüne Erbsen als Trocken- oder Spalterbsen dazu.

Im gleichen Jahr führte Slowfood-Saarland erstmals die „Saarländischen Hülsenfrüchtewochen" bei bekannten Gastronomen durch. Ab dem „Erbsensonntag", erster Sonntag nach Aschermittwoch, dem mythologischen Beginn der „Fastenzeit", zeigen Spitzenköche, was alles aus Hülsenfrüchten - allen voran: saarländischen Linsen - zubereitet werden kann. Hierzu ist angedacht, diese Kreationen einmal in Form eines „Saarländischen Hülsenfrüchte-Kochbuchs" zu veröffentlichen.

Auch dem regionalen Handel blieben diese Aktivitäten nicht verborgen und er hat die Linsen ins Sortiment aufgenommen. Dort sind sie zwar teurer als die meisten anderen Sorten. Diese sind meist aus Indien, Türkei oder Kanada und daher keine glaubwürdigen Träger eines regionalen Geschmackserlebnisses.

Dank der Linsen-Rekultivierung entstand fernab der Landwirtschaftspolitik eine landwirtschaftliche Regionalinitiative, bei der Landwirte, Weiterverarbeiter, Natur und Umwelt und Verbraucher gleichermaßen profitieren. Ein Projekt, dessen Potenziale bei weitem noch gar nicht ausgeschöpft sind. So sollen alte oder seltene Sorten von Linsen, Erbsen und Bohnen, die völlig von unseren Feldern verschwunden sind und daher keinen Gaumen erfreuen können, in den nächsten Jahren der Vergessenheit entrissen werden.

Eine einzigartige Sorte, die ich vom Wawilow-Institut in St. Petersburg erhielt, wird seit Jahren von wenigen Gramm auf inzwischen einige Kilo vermehrt. Und, sie werden immer mehr! Langsam sind wir endlich in der Lage, in die Fläche zu gehen und das Saarland bekommt damit eine eigene Linse, die es sonst nirgends gibt!

Linsen

Linsen spielten in der Menschheitsgeschichte bereits lange Zeit eine große Rolle. Schon lange vor der Bibel, in der sie aber auch erwähnt sind. In der Bibel verkauft Esau sein Erstgeburtsrecht an seinen Zwillingsbruder Jakob für einen Teller Linsen (Buch Genesis, Kapitel 25, Verse 29 bis 34).

Schon bei den Bauern der Steinzeit waren sie Begleiter der Menschen. Die enorm nährstoffreichen Linsen sind wahre Proteinbomben. Ohne sie wären die neolithische, keltische, alemannische und auch südwestdeutsche Küche nicht denkbar. Eine Hauptnahrungsquelle der Menschheit! Sie bereiteten die Linsen mit Getreide oder als Gemüse zu. Seit der Jungsteinzeit steht „lens culinaris", die Küchenlinse, ganz oben auf der Speisenkarte. Eigentlich war es ursprüng-

Der richtige Zeitpunkt zur Linsenernte.

lich im Südwesten Deutschlands ein Arme-Leute-Essen. Sie hatte besondere Vorteile, denn sie war lagerfähig, sehr sättigend und preiswert. Eintopf mit Linsen, Ackerbohnen, Speck, Spelzgerste oder Ur-Dinkel war schon damals sehr beliebt. Die dazu gereichten Spätzle sind allerdings erst ab dem 18. Jahrhundert belegt. „Die Linse allgemein bekannt und eine sehr beliebte Kochfrucht, wird in Deutschland doch nur in geringer Ausdehnung und in mehreren Gegenden gar nicht gebaut, hauptsächlich wegen der unsicheren und geringen Erträge", schreibt der Agrarschriftsteller Alexander von Lengerke (1802–1853) im Jahr 1840.

Heute werden Gerichte mit Linsen in weiten Teilen der Welt in ihrer bemerkenswerten Vielfalt in den Küchen integriert.

„Lens culinaris" gehört zu der Ordnung der Hülsenfrüchte, zur Familie der Schmetterlingsblütler. Sie ist einjährig und wird 20 bis 50 Zentimeter hoch. Sie braucht eine Rankhilfe, aus dem Grund wird sie in Mischkultur mit Getreide angebaut. Die Speisekarte der neolithischen Bauern, der bronzezeitlichen Bewohner der Pfahlbauten am Bodensee, der Kelten und Alemannen unterschied sich nicht grundsätzlich von der heutiger Schwaben. Die Linse lässt sich in dieser Gegend hervorragend anbauen. So trat sie ihren Siegeszug gerade auf der

Ein Erbsenfeld in Brenschelbach.

Schwäbischen Alb an. Das hängt mit dem Boden dort zusammen. Linsen brauchen einen mergeligen oder sandigen, kalkhaltigen und lockeren Lehmboden. Auch wenn Linsen gut gedeihen, waren die Erträge doch nie sonderlich hoch auf den trockenen Muschelkalkböden andere Landschaften in Württemberg, Thüringen, Hessen, in der Eifel und in Franken.

Die Heimat der Linse ist der „Fruchtbare Halbmond", jene Region, die sich wie eine Mondsichel in einem weiten Bogen vom Süden des Irak über den Norden Syriens, den Libanon, Israel, Palästina und Jordanien erstreckt. Von dort stammt sie. Ursprünglich aus Vorderasien, werden sie aber mittlerweile auch in vielen anderen Ländern, wie zum Beispiel Spanien, den USA oder Argentinien angebaut.

Wie wachsen Linsen? Linsen sind auf dem Feld unscheinbare und sensible Früchtchen. Sie müssen in Mischkultur mit einer weiteren Kulturpflanze angebaut werden. Das verbessert die Erntefähigkeit, da die Mischungspartner als Rankhilfe - in erster Linie sind dies Leindotter, Hafer oder Gerste - verhindern, dass die Linsen sich auf den Boden legen. Zudem unterdrücken die Mischungspartner das Unkraut. Mit zwei Pflanzen auf einem Feld steigen natürlich die technischen Ansprüche bei der Ernte im Spätsommer, weil das Erntegut beider

Pflanzen zügig getrennt werden muss. Andernfalls besteht Gefahr, dass sich bei Feuchtigkeit Schimmel bildet. Sind die Linsen nun lagerfähig, besorgen Siebmaschine oder Trieur das Putzen. Wichtig ist es hierbei das Auslesen von Steinen sicherzustellen. Wenn dann alles gut läuft, liegen die Linsenpäckchen unterm Weihnachtsbaum.

Linsen zeichnen sich durch ihre Sortenvielfalt aus. Weltweit gibt es grüne, braune, graue, rote, gelbe und auch schwarze Linsen. Dazu können sie gemustert, groß oder klein sein. Linsen quellen beim Kochen etwa auf das doppelte Volumen an. Deshalb braucht man etwa 50 Gramm als Beilage und etwas mehr als das Doppelte für einen Linsensalat. Ich weiche Linsen grundsätzlich ein, auch wenn andere es anders machen. Welche Sorte für ein bestimmtes Gericht verwendet wird, richtet sich nach drei Kriterien: geschmackliche oder optische Vorliebe und den Koch- und Zerfallseigenschaften. Letztere hängen vor allem davon ab, ob die Hülsenfrüchte geschält sind oder nicht. Geschälte Linsen, wie die roten oder gelben Linsen, zerkochen sehr schnell. Sie sind damit für Cremesuppen, Püree oder Puffer ideal geeignet.

Linsen enthalten so viel Eiweiß wie keine andere Hülsenfrucht. Sie bieten somit eine attraktive Alternative zu Fleisch, wobei die pflanzliche Eiweißquelle im Gegensatz zu Fleisch so gut wie kein Fett enthält. Aus diesem Grund erfreut sich der Eiweißlieferant besonders im Ernährungsplan von Vegetariern und Veganern über große Beliebtheit. Auch Sportler, die ihre Muskeln aufbauen und stärken wollen, können die Hülsenfrucht in eine proteinreiche, fettarme Ernährung einplanen.

Wer Gewicht verlieren will oder generell auf eine gesunde Ernährung achtet, wird sich auch über den hohen Anteil an Kohlehydraten und Ballaststoffen in der Hülsenfrucht freuen. Dieser sorgt dafür, dass man sich lange Zeit gesättigt fühlt. An Mineralstoffen hat die Linse auch einiges zu bieten: Kalium, Magnesium, Calcium, Phosphor und Zink sind nur einige Beispiele. Außerdem enthält die Hülsenfrucht die Vitamine der B-Gruppe. Diese sind wichtig für das Nervensystem. Zudem enthalten Linsen Eisen, wodurch sie ein pflanzliches Präventionsmittel für die Volkskrankheit Eisenmangel darstellt.

Rote Linsen bezeichnet man auch als schnell kochend. Die Kochzeit beträgt etwa zehn Minuten. Ihr Vorteil: durch ihre mehlige Konsistenz sättigen die Linsen schnell und effektiv. Die indische Linsensuppe etwa ist eine würzige Variante mit Knoblauch, Ingwer, Chili und Koriander. Die schwarzen Linsen muss man unbedingt einen Tag vorher einweichen. Diese sind auch als Belugalinsen bekannt. Das Besondere an dieser Sorte ist der sehr geringe Fettgehalt. Grüne Linsen eignen sich gut für Currys. Tellerlinsen sind etwas größer als die anderen Sorten. Sie haben eine bräunlich-grüne Farbe. Aufgrund ihrer Sämigkeit eignen sie sich gut für Suppen und Eintöpfe. Die gelbe Sorte gehört auch zu den Schnell-Koch-Linsen. Das Verhältnis von Wasser zu Linse sollte zwei zu eins sein. Berglinsen sind etwas fester und aromatischer, gut geeignet für einen aromatischen Linsensalat.

Deshalb braucht man etwa 50 Gramm als Beilage und etwas mehr als das Doppelte für einen Linsensalat.

Kaum eine Spitzengastronomie verzichtet heute auf Hülsenfrüchte! Sie lassen sich prima mit Fisch kombinieren oder dienen als Zutat für fantasievolle Salate und raffinierte Suppen. Erbsen und Bohnen können ebenfalls mehr, als im traditionellen Eintopf oder als Beilage serviert zu werden. Jeder kennt Linsensuppe oder „Bibbelschesbohnesupp." Aber trotzdem laufen die Hülsenfrüchte Gefahr, von uns vergessen zu werden. Deshalb will ich hier die Vielfalt rund um Erbsen, Linsen oder Bohnen aufzeigen. Warum sind Hülsenfrüchte so wichtig und so wertvoll? Wie war das früher und wo werden sie heute wieder angebaut?

Unter Feinschmeckern hat eine Linsensorte einen besonderen Stellenwert. „Puy-Linsen" heißen vollständig eigentlich „Le Puy-Linsen", da sie aus der Region Puy de Dôme in der Auvergne stammen. Der Vulkanboden in der Region eignet sich bestens für den Anbau von Linsen. Puy-Linsen stammen von der Linse „Lens orientalis" ab. Sie haben einen unvergesslichen Geschmack, aromatisch nussig, eine extrem dünne Schale und sind wunderschön grau-blau-braun und selbst nach dem Kochen sind die Puy-Linsen noch knackig im Biss. Ihre Konsistenz ist deutlich fester und nicht so mehlig wie bei anderen Linsensorten. Deswegen sollte man sich auch nicht wundern, wenn der Kern selbst nach Ablauf der Kochzeit noch nicht so weich ist. Da sie auch während des Kochvorgangs die Form behalten, sind sie ideal für Linsensalate, Suppen oder als Beilage geeignet und finden zunehmend Verwendung in Delikatessen. Daher gelten sie, mit den Belugalinsen, als besonders edle Linsenart. Auch in der Hochküche haben sie heute ihren besonderen Platz. Ein befreundeter Hobbykoch benutzt nur diese Sorte für all seine Kreationen.

Eher unbekannte Sorten sind Châteua-Linsen, Castelluccio-Linsen oder Trojalinsen.

Im Jahre 2016 erklärten die Vereinten Nationen das Jahr zum Internationalen Jahr der Hülsenfrüchte. Seither veranstaltet Slow Food im Saarland Hülsenfrüchtewochen. Alljährlich wird nach dem „Erbsensonntag", dem ersten Fastensonntag, in Zusammenarbeit mit zahlreichen Restaurants zu diesen Wochen eingeladen. Dies geht dann zwei Wochen.

Seit einigen Jahren werden grüne Linsen im Saarland wieder angebaut. Landwirt Werner Brengel, Loutzviller Mühle bei Brenschelbach, baut sie im Gemisch mit weiteren Kulturpflanzen an. 2017 hat auch Johannes Dörr, Wackenberger Hof bei Wiesbach, mit dem Anbau grüner Linsen begonnen. Schwarze Linsen, auch Belugalinsen genannt, in Bio-Qualität wachsen oberhalb des Saartals bei Wadgassen. Mit dem Mischfruchtanbau von schwarzen Linsen hat sich Marcus Comtesse ein hohes Ziel gesteckt. Die Kulturen werden noch bodenschonender - nämlich pfluglos - angebaut, um die wertvolle Nährstoffe produzierenden Regenwürmer nicht zu vertreiben. Qualitätsansprüche, die sich schmecken lassen. Auf den Anbau roter Linsen, sogenannte Champagner Linsen, hat sich

Familie Guillaume in Landroff in Lothringen spezialisiert. Als Delikatesse für die gehobene französische Küche bleiben sie im Winter in der kalten Erde, sind aber meist schon im Frühsommer erntereif. Die meisten – so auch die saarländischen – werden mit der Schale angeboten. Andere sind geschält. Beide Varianten haben ihre Vorteile. Die ungeschälten Linsen sind nährstoffreicher und wesentlich geschmacksintensiver, da sich in der Schale die meisten Nährstoffe und Aromen befinden. Die geschälten sind leichter verdaulich. Allerdings handelt es sich dabei um ein homogenes Massenprodukt, denn für das technisch aufwendige Schälen müssen sie immer von gleicher Größe sein.

Am nächsten Tag das Einweichwasser wegschütten und die Linsen in frischem, kaltem Wasser aufsetzen. Am besten ohne Salz, sonst brauchen sie länger, um weich zu werden. Die Garzeit variiert je nach Sorte und Alter der Linsen. Allerdings gibt es hier verschiedene Ansichten: Will man nämlich aus Linsen einen Salat machen oder sie als Beilage nutzen, dürfen sie nicht durchgekocht sein, sondern schmecken besser und sehen besser aus, wenn sie „al dente" sind. Denn das Auge isst ja bekanntermaßen mit!

■ PÂTISSIERS & CHOCOLATIERS

Quanah Schott-Pâtisserie

Sie finden an der Saar, von der Quelle bis zur Mündung, fantastische Genusshandwerker. Und das in sehr unterschiedlichen Metiers. Ob Metzgereien, Bäckereien, die ihren Sauerteig täglich selbst ansetzen, oder auch Kaffeehäuser, die weit über die Region bekannt sind.

Während im Saarland permanent über die Zweisprachigkeit des französischsten Bundeslandes heiß diskutiert wird, höre ich die beeindruckende Erzählung über den beruflichen Werdegang eines jungen Mannes, der diesen Weg ohne Zweisprachigkeit nie geschafft hätte. Er macht jetzt durch sein Können seine Heimatstadt Saarbrücken reicher: Quanah Schott.

Er wurde zweisprachig erzogen, deutsch-französischer Kindergarten, Abitur am deutsch-französischen Gymnasium.

„Und wie kamen Sie nach Paris?", frage ich ihn. Er lächelt: „ Ich wollte die Lehre in Paris machen. Wenn ich den Beruf des Pâtissiers ergreife, wollte ich in einem der besten Häuser lernen. Die befinden sich alle in Paris, dort gibt es auch die besten Produkte. Ich setzte mich in den Zug, ein Koffer, drei Bücher. Bei einem Freund konnte ich zwei Monate wohnen, bis ich eine kleine Unterkunft gefunden hatte." Kurz später bekam er eine ganz kleine Wohnung, elf Quadratmeter.

Er begann die Lehre bei Pierre Hermé, die dauert in Frankreich zwei Jahre. Danach bekam er das Angebot, dass er solle bleiben, der Chef hätte noch viel mit ihm vor! Er war sehr motiviert, arbeitete viel, auch gerne an Sonn- und Feiertagen. Dieser Anfang in Paris war nicht so einfach für ihn. Das nahm er alles geduldig auf sich, denn er hatte sich einen ganz besonderen Lehrmeister ausgesucht: Pierre Hermé.

Die Franzosen hatten immer schon große Pâtissiers. Ende des letzten Jahrhunderts war etwa Gaston Lenôtre so berühmt wie die Kochlegenden Paul Bocuse, Alain Chapel oder Paul Haeberlin. Vom ganzen Land verehrt und geliebt. Und genau bei dieser Lichtgestalt hat Pierre Hermé gelernt. Der Beruf wurde ihm in seine Wiege gelegt, denn er gehört zur vierten Generation einer Familie, die sich mit den süßen Verführungen beschäftigt. Sechs Jahre arbeitete er bei Lenôtre und wurde im Alter von 19 Jahren dessen Sous-Chef. 1985 wurde er dann der Chefpâtissier im weltberühmten Pariser Feinkostladen Fauchon. Berühmt wurde er bei Fauchon für einen ganz besonderen Schokoladenkuchen: la cerise sur le Gâteau. Dieser basiert auf vier Texturen, nämlich Praliné, Ganache, Schokoladenblätter und Schokoladensahne. Ganache ist eine Mischung aus Sahne und hochwertiger Schokolade. Heute betreibt Pierre Hermé knapp 20 Boutiquen in drei Erdteilen. Alleine vier in Paris. Er gilt als der, der die Macarons neu erfand. Sie waren ihm nämlich zu süß. So probierte er so lange aus, bis er einen neuen Weg fand. Er setzte auf Limonen, Pistazien, gesalzene Karamellaromen und Mandarinen. Außerdem neu bei ihm: Er erhitzte Zuckersirup, der zuerst mit Eischnee und dann mit rohem Eiweiß verrührt wird. So, wie italienische Meringue. Plötzlich waren Macarons das beliebteste Feingebäck Frankreichs. Seit dem 20. März 2005, dem kalendarischen Frühlingsanfang, feiert er den Tag der Macarons. Und viele Kollegen, nicht nur in Frankreich, feiern mit.

Nach einem Jahr wurde Quanah Schott der Chefposten in Hermés Boutique in der Rue Bonaparte an der Place Saint Sulpice angeboten. Dort produzierte er täglich mit seinem Team um die 1.000 Kuchen. Fünf Patissiers und zehn Verkäuferinnen arbeiteten in diesem kleinen Geschäft. Von der Rue Bonaparte aus folgte er seinem Chef ins Elsass. Dieser baute dort eine neue große Produktionsstätte, für Pralinen und Macarons in Wittenheim bei Mulhouse. 150 Kilo Macarons anfangs, am Ende seiner Tätigkeit dort, zwei Jahre später, waren es 600 Kilo. Jeden Monat gab es neue Rezepte, neue Kunstwerke. Doch irgendwann brauchte er Luftveränderung.

Hermé bekam zu jener Zeit die Pâtisserie im 5-Sterne-Hotel Royal Monceau, ein Luxushotel von Stardesigner Philippe Starck umgebaut, nahe der Champs-Élysées: 37, Avenue Hoche.

Die beiden hauseigenen Restaurants sind mit einem Stern ausgezeichnet. Er erinnert sich: „Da rief in der Nacht auch mal um eins ein Scheich an. Meistens stand ich dann vor der Aufgabe etwas zu backen, was auf keiner Karte stand. Dabei lernte ich allerdings viel dazu."

Dann kam er zurück aus Paris in seine Heimatstadt Saarbrücken. Vor einigen Jahren eröffnete Quanah Schott in der Mainzerstraße seinen Genusstempel. Genau gegenüber von Klaus Erforts Gästehaus. Manche Feinschmecker verbinden einen Besuch dort mit einem Besuch in der Pâtisserie. Das wohl genussvollste Stück Mainzerstraße in Saarbrücken. Schon nach wenigen Monaten hatte er zehn unterschiedliche Törtchen und bis zu 15 Sorten Macarons jede Woche. Die Rezepturen für beide ändern sich immer wieder. Auch die Jahreszeit bestimmt mit, denn wenn bestimmte Früchte reif sind, werden sie verarbeitet!

Quanah Schott

Macarons sind in vielen Ländern zum Lieblingsgebäck geworden. Von Paris aus haben sie europaweit die Gaumen und Sinne der Leckerschmecker erobert. Sie sind etwas ganz Besonderes, denn das Geschmackserlebnis ist einmalig. Sie bestehen aus zwei aufeinander gesetzten Mandelbaisers, dazwischen ist eine unwiderstehliche Creme oder Konfitüre. Fantasie und Geschmacksnuancen in der Herstellung sind keine Grenzen gesetzt.

Man steckt sie auch nicht einfach in den Mund und zerkaut sie. Ich nehme sie vorsichtig in den Mund, dann mit leichtem Druck von Gaumen und Zunge, öffnen sich die beiden Baisers und ich schmecke die besten Fruchtkompositionen oder eine unschlagbare Schokoladenexplosion im erwartungsvollen Mund. Einzigartig! Ergänzt durch diese himmlischen Mandelaromen möchte ich Sie warnen - Suchtgefahr! Als die Baisers ihren Urknall hatten, vor vielen Hundert Jahren, hieß es: Es sind kleine Baiserkekse aus Mandelmehl, leicht und luftig. Heute sind es Kunstwerke, wie sie Pierre Hermé in Paris anfertigen lässt oder Quanah Schott sie in seiner Genussmanufaktur produziert. Es gibt auch kleine Kuchen, süße Verführungen, alles mit französischer Handschrift. An freien Tagen geht es natürlich zuhause weiter. Mit seiner Frau Sophie und seiner Tochter Zoë probiert er dann Neues aus. Und, wenn es passt, wird die neue Kreation dann im Geschäft präsentiert.

Die Theke bietet reichlich Auswahl. Ich habe mir einiges dort gekauft und als ich dann zum samstäglichen Nachmittagskaffee so eine nach der andern Schnitte im Mund zergehen ließ, dachte ich: wie im Paradies ...

„Arts et Metier" heißt eine U-Bahnstation in Paris. Kunst und Handwerk, halt Handwerkskunst. An diese muss ich immer wieder denken, seit ich den sympathischen Saarbrücker Pâtissier kennengelernt habe.

Quanah Schott glänzt mit einzigartigen Kompositionen! Alles natürlich in Handarbeit, natürlich ohne die echten Macarons beleidigenden Zusatzstoffe! Hinter dem kleinen Verkaufsladen, hat er, von der Straße aus einzusehen, seine Genusswerkstatt. Schauen Sie sich das mal an, wenn er seine Macarons mit Ganache füllt. Ganache ist eine Mischung aus Sahne und hochwertiger Schokolade.

Andere Geschmacksrichtungen aus seiner Genusskulturmanufaktur: Caramel, Milchschokolade mit Passionsfrucht, Aperol mit Orange und Grapefruit, Limette Basilikum und viele, viele andere, ganz besondere Geschmackskompositionen. Mit den Jahreszeiten wechseln auch die Rezepte.

Ich frage ihn, warum er selber die Macarons so toll findet? Er klärt mich auf: „Mit Macarons ist so ziemlich jeder Geschmack und jede Farbe möglich. Sie haben den Vorteil, dass man verschiedene Geschmacksrichtungen probieren kann, ohne direkt drei große Stücke Kuchen kaufen zu müssen. Die Geschmacksvielfalt ist somit fast unbegrenzt. Der Macaron ist aber auch so ein Geschmackserlebnis: die dünne knusprige Hülle verbirgt einen sanften geschmacksintensiven Kern."

Bei Quanah Schott gibt es auch Croissants. Croissants. Ich behaupte, es gibt einige gute Läden in Saarbrücken, deren Croissants man kaufen kann. Doch die besten Croissants gibt es bei zwei Meistern, die ihr Handwerk in Frankreich erlernten: bei Franck Kestener am Rathaus und bei Quanah Schott. In Saarbrücken gibt es die besten Croissants von Paris. Denn Pierre Hermé wurde innerhalb von zehn

Jahren drei Mal von Gault & Millau für seine Croissants ausgezeichnet! Und genau diese Rezeptur benutzt auch Quanah Schott.

Er lacht und meint: „Weil sie mit Liebe gemacht sind. Hermé wurde mehrere Male zum besten Croissantspâtissier von Paris gewählt! Entscheidend sind die Zutaten. Hauptsächlich, die Butter. Meine kaufe ich in Saargemünd. Sie stammt aus der Normandie. Beurre echiré. Beste Qualität."

In Deutschland benutzen viele eine Mischung aus Margarine und Butter. Oder nur Margarine. Der Veganer wegen. Auch in Frankreich kommt das immer mehr auf. Deshalb bestelle ich immer: ein Buttercroissant, bitte. Man schmeckt es!

Franck Kestener

Anfang des Jahrtausends spazierte ich durch Sarreguemines. In einer romantischen Straße, der Rue de la Chapelle, stieß ich auf einen kleinen Laden mit ganz besonderer Schokolade. Von 1998 bis 2005 waren die Kesteners hier ansässig. Ich ging hinein, kostete davon und war begeistert. Die Qualität der Schokolade war nicht nur eine besondere, da die besten Grundprodukte verarbeitet wurden, sondern weil es auch ganz außergewöhnliche Kreationen waren. Schokolade mit Chili oder Ingwer. Oder auch mit einer Frucht, mit der in bestimmten Teilen Lothringens die Köche und Konditoren gerne arbeiten: mit Bergamotte.

Familie Kestener gab dann ein paar Jahre später ihren romantischen Laden in der Saargemünder Innenstadt auf. Sie zogen an den Rand der Stadt, in die Rue Gutenberg. Dort ist mehr Platz, denn die Nachfrage stieg. Hier konnte man, neben der edlen Boutique, im hinteren Bereich, besser produzieren. Sie haben auch eine Filiale in Paris beim Jardin du Luxemburg. Für Saarbrücken ist dies ein großes Glück! Ich erinnere mich noch gut, es ist mittlerweile lange her, da war ich Mitorganisator eines Gourmet-Marktes in einem Saarbrücker Autohaus. Ich erzählte dies vorher Franck Kestener. Und, dass an diesem Tag dort Patricia Kaas auftreten würde. Er verschwand und kam mit einem Geschenkpaket zurück. Er sagte mir, Patricia Kaas sei Kundin bei ihm. Er habe ihre Lieblingsschokolade in das Geschenk verpackt. Nachmittags beim Sound-Check waren nur wenige Leute in der Halle. Madame trat nur mit einem Pianisten auf. Ich ging in einem ruhigen Moment zu ihr und übergab ihr das Geschenk von Franck Kestener. Sie war restlos begeistert.

Chocolatier Franck Kestener ist ein Familienbetrieb, Mutter Janine und Papa Robert stehen Franck zur Seite sowie seine engagierte Mitarbeiterschaft. Oft auch Praktikanten aus Japan, denn dort ist Franck Kestener auch am Start. Er ist heute einer von Frankreichs „Botschafter der Schokolade". Er ist weltweit unterwegs, ob in Brasilien oder Asien, immer geht es um seine weltmeisterlichen Produkte!

Franck Kestener wurde 2006 in Phoenix in Arizona mit der französischen Équipe Weltmeister. Champion du Monde de Pâtisserie! Außerdem ist er „Meilleur Ouvrier de France"! Diese Auszeichnung kennen wir von Frankreichs besten Genusshandwerkern, besonders Köchen. Ein Ritterschlag im Land der Feinschmecker und des Weltkulturerbes „gute Küche".

Franck Kestener

Apropos „Salon du Chocolat" . Diese große Messe der Schokolade findet jedes Jahr im Herbst in Paris statt. Jährlich findet dort auch eine Fashionshow statt. Vor vielen Jahren besuchte ich mal wieder die Boutique in Sarreguemines. Franck Kestener sagte mir, ich solle mal mit nach hinten kommen, er wolle mir etwas zeigen. Er präsentierte mir ein sehr kurz geschnittenes Kleid aus kleinen Metallvierecken. Dann zeigte er mir ein Poster. Auf diese Metallvierecke des Kleides hatte er Schokoladenkreationen aufgespritzt. Getragen hatte es dann beim „ Salon du Chocolat 2006" Miss France.

Also, wenn Sie in Saarbrücken sind, finden Sie bei diesen zwei Ausnahmegenusshandwerkern das Besondere, was es nicht überall gibt!

*Marc Rosengarten fischt in der Saar und kümmert
sich auch um den Naturschutz.*

■ FISCHE VON DER SAAR

In den letzten Jahrzehnten hat sich die Wasserqualität der Saar gut erholt. Und sie wird immer besser! Es gab in dieser Zeit immer wieder gute Nachrichten darüber, welche Fische in der Saar wieder leben. Mittlerweile schwimmen wieder größere Bestände an Rotauge, Rotfeder, Brasse, Karpfen, Schleie und Forelle in dem Fluss. Außerdem gibt es die Raubfische, etwa Zander, Hecht, Barsch und Wels sowie den Aal, der gern den Laich von anderen Fischen frisst. Doch nicht nur in der Saar gibt es im Saarland Fische. Das Land verfügt über etwa 3.500 Kilometer Fließgewässer. Dazu werden viele Teiche von Angelvereinen genutzt. Im Lande wird also kräftig geangelt. Hier haben mehr Menschen einen Angelschein als im Bundesdurchschnitt. Allerdings gibt es im Saarland keine Berufsfischer mehr.

Um einen vorbildlichen Fischereibetrieb zu erleben, fahre ich nach Rheinland-Pfalz zum „Forellengut Rosengarten".

Immer wieder interessant, so finde ich, wenn ich die sozialen Medien

durchstöbere, was der ein oder andere Kochheld aus meiner Jugend so postet. So fand ich einst einen Eintrag von Franz Keller aus Hattenheim im Rheingau. 1979 bekam Franz Keller einen Stern in seinem Restaurant in Köln, zog sich 1993 aus der Sternegastronomie zurück und betreibt seither mit seinem Sohn die Adler-Wirtschaft. Einfaches Landgasthaus mit den besten Produkten im Rheingau! An diesem Abend kochte er sich selber etwas und notierte: „So fein, und schön mehlig leckere Petersilienkartoffeln. Saibling vom Forellenhof Rosengarten in Trassem, hat alles gepasst. Wunderbares Kochen und Essen ohne Dekogedöns!"

Marc Rosengarten und seine Fischzucht stehen mittlerweile überall hoch im Kurs. Das Forellengut Rosengarten liegt im kleinen Ort Trassem. Von Wäldern und Wiesen umgeben liegt der Fremdenverkehrsort Trassem mit 1.200 Einwohnern im stillen, lieblichen Leukbachtal des Naturparks Saar-Hunsrück. Ein paar Kilometer von Saarburg entfernt.

Marc Rosengarten ist gelernter Fischwirt und fischt auch auf Saar und Mosel. Dort vor allem Zander und Rotaugen. Aber auch Aale, die allerdings in einem Schutzprogramm sind und von ihm auch in den Rhein transportiert werden, damit sie das Meer erreichen können. Marc Rosengarten und seine Aktivitäten

sind Teil dieses Schutzprogramm für Aale. Auf seiner Anlage in Trassem hat er 30 Teiche. Dort züchtet er Regenbogen- und Bachforellen, Goldforellen, Lachsforellen, Saibling, Karpfen und Stör.

Als wir ankommen, steht er an einem Becken mit Stören. Macht er etwa auch Kaviar? „Nein", lacht er, „Störe sind sehr langsamwüchsig. Kaviar bekämen wir vielleicht nach 18 Jahren. Kaviarproduktion geht in Warmwasserkreisläufen, da brauchen die Fische acht bis zehn Jahre. Hier leben sie in unserm Bachwasser, zurzeit ist die Wassertemperatur acht Grad. Sie sind Knochenfische, ähnlich wie der Hai. Diese Knochenplatten brauchen viel länger um sich zu bilden als Gräten." Der Vorteil an Stören ist allerdings, dass sie keine Gräten haben. Es gibt ja Konsumenten, die eine panische Angst vor Gräten haben. All denen sei geraten: Stör essen!

Eingangs der Anlage befinden sich mehrere kleine Teiche. Er erklärt es mir: „Das ist unsere Hälteranlage für all die Fische, die zum Verkauf stehen. In dieser Zeit bekommen sie kein Futter, aus Gründen der Fleischqualität und da sie, wenn sie lebend transportiert werden, sonst Sauerstoffprobleme hätten. Wir sollen ja auch, wenn wir etwas gegessen haben, nicht gleich schwimmen gehen!"

Was macht er hier alles? Im Hofladen finden Sie eine große Palette von Frisch- und Räucherfisch sowie Fischpasteten, Salate, Fischsuppen und komplette Fischplatten, die nach bester handwerklicher Tradition erzeugt werden. Noch heute räuchern sie hier auf traditionelle Art über Buchenholz, was ihren Produkten einen einzigartigen und unverwechselbaren Geschmack gibt.

Er berichtet: „Wir sind auf vielen Feldern tätig. Einerseits Verarbeitung der Fische, Gastronomie, Einzelhandel hier direkt vor Ort. Aber auch Teichbesatz für andere und Besatz von Fließgewässern."

Und dies, wenn das Wetter es zulässt, das ganze Jahr über. Er leistet mit insgesamt zehn Mitarbeitern diese wertvolle Arbeit. Vom Lehrling bis zum ausgebildeten Fischwirt. Denn Marc Rosengarten ist für den Beruf Fischwirt „Zucht und Haltung" größter Ausbildungsbetrieb in Rheinland-Pfalz.

Die Fische hier haben viel Platz zum Schwimmen. Sie halten ihre Fische in naturnahen Teichen und nicht wie sonst vielfach üblich in zu kleinen Becken. Bei Rosengarten gilt: Natur pur statt Massentierhaltung! Auf einer Fläche von 6,5 Hektar liegen 30 Teiche und ein Fließkanal mit einer Gesamtwasserfläche von drei Hektar. Hinzu kommen drei Bruthäuser sowie eine Hälteranlage.

Im März 2011 haben sie sich vom Deutschen Institut für Nachhaltigkeit zertifizieren lassen und verfügen nun über das Prüfsiegel „Gesicherte Nachhaltigkeit". Damit zeichnet die Europäische Union Gebiete aus, die der Fauna-Flora-Habitat-Richtlinie (FFH) entsprechen, also dem Schutz von Pflanzen, Tieren und Habitaten, was Lebensraumtypen bedeutet. Damit stellen sie sich der Verantwortung gegenüber der Natur und der Zukunft unserer Kinder.

Wir wandern über die Anlage, er zeigt mir alles und erklärt mir, warum er was wie macht. Wir gehen ins Bruthaus und er erklärt, wie das Leben eines kleinen Fisches hier beginnt: „Wir ziehen jährlich 500.000 bis 600.0000 Eier auf. Hier jetzt Bach- und Regenbogenforellen sowie Saiblinge. Hier sind auch Goldforellen." „Was sind Goldforellen?", frage ich. Er stellt sie mir vor: „Das sind Salmoniden. Anfangs dachte man, sie seien sehr eng mit der Regenbogenforelle verwandt. Mittlerweile haben sie einen eigenen wissenschaftlichen Namen. In der Natur haben sie wohl keine großen Überlebenschancen. Schau mal, daneben stehen Lachsforellen, da sieht man nur ein paar schwarze Schatten. Die Goldforelle schmeckt ähnlich wie Lachsforellen, sie werden auch mit karotinhaltigem Futter versorgt. Das Schöne an der Goldforelle bei der Verarbeitung ist dieses goldgelbe Fleisch. Geräuchert oder auf der Haut gebraten, sieht sie toll aus. Geschmacklich ähnelt sie der Lachsforelle. Die Nachfrage nach Goldforelle steigt immer mehr. Gerade für die Gastronomie, da man optisch sehr viel mit ihr machen kann!"

Ich denke da an einen schwarzen Teller mit dem goldenen Fisch, eine weißgrüne Sauce, rotes Paprikagemüse und knallgelbe Kartoffeln.

Wir gehen weiter. Wie hält er Fischadler, Reiher und Kormorane eigentlich fern? Das macht er mit einer Drahtüberspannung. Ist das nicht gefährlich für die Vö-

gel? Nein, die Idee der Konstruktion erstaunt: „Das Prinzip besteht nicht daraus, dass die Vögel sich daran verheddern, sondern auf einer optischen Täuschung. Im Anflugswinkel zur Anlage spiegeln sich diese Polyesterfäden und die Vögel sehen gar keine Teiche, sondern nur eine schwarze Fläche. Dies gilt auch für das menschliche Auge. Ganz oben hier an der Straße nach Kirf sieht man auch nur eine schwarze Fläche. Die Vögel sehen nur eine schwarze Plane. Natürlich gibt es drei, vier Reiher, die das durchschaut haben. Die haben wir immer noch."

Ich kann sehen, dass von den Fischeiern bis zum Verkauf die Fische in einem sehr gut durchdachten, nachhaltigen System heranwachsen. Damit haben sie auch die Zeit, um eine besondere Fleischqualität zu liefern. Marc Rosengar-

ten ist ein Mensch, der einerseits nach vorne, anderseits aber auch nachhaltig denkt. Beispiel: Futter. Marc Rosengarten: „Wir versuchen unser Futter so effektiv wie möglich einzusetzen. Deshalb auch die Störe. Sie wachsen zusammen mit den Forellen auf. Die Forelle frisst das Futter nur im Sinken. Wenn es auf dem Grund liegt, ist es verloren für Forellen. Störe nehmen ihr Futter aber sehr gerne vom Grund. Wir verfüttern meistens Algen."

Bisher machte mir Marc Rosengarten mit seiner Fischzucht große Freude. Doch es kommt noch besser, als wir in den Hofladen gehen. Er präsentiert mir seine Fischplatten, lässt mich kosten. Genial! Ich schaue in das Gewürzregal und entdecke die Firma meines Vertrauens: Rimoco aus Alt-Saarbrücken! Wie kommen diese Produkte hierher? „Wir lernten uns vor einiger Zeit auf der Slow-Food-Messe kennen und kamen ins Gespräch. Ich beauftragte sie, unser Fischgewürz zu machen. Nummer 706 Fischgewürz. Wir arbeiten viel zusammen. Es stehen ja auch andere Gewürze von Rimoco hier!"

Er fühlt sich auch als ein Teil des kulinarischen Saarlandes. Da er nur einige Kilometer hinter der Landesgrenze wohnt, ist er auch Partner der Tourismuszentrale des Saarlandes. Deshalb denkt er auch nicht nur in Richtung Trier und Mainz, sondern auch Richtung Saarland: „Für Lebendfische fuhren wir in der Vergangenheit nur Richtung Obermosel und Trier. Aufgrund der Nachfrage fahren wir aber auch in das Saarland, vor allem Restaurants beliefern. Einfach hier anrufen, ob Räucher- oder Frischfisch, ein paar Tage später ist der Fisch dann im saarländischen Restaurant."

Ich kaufe mir noch ein paar Fische und die Fischsuppe bei ihm. Ich muss doch etwas zu kosten haben, wenn ich über ihn schreibe…

Rebstöcke auf dem Kreuzberg in Merzig

■ WEINE AUS DEM SAARLAND

Der Weinbau in der saarländischen Gegend hat Jahrtausende Tradition. Heute gibt es weltberühmte Weingüter an Saar, Mosel und Ruwer.

Saarländische Weine, die heute viele Freundinnen und Freunde haben, werden an der Obermosel angebaut. Im Dreiländereck, rund um Perl, Oberperl, Sehndorf und Nennig. Toll renoviert, die römische Villa in Nennig, mit einem der schönsten erhalten gebliebenen Mosaikfußboden. Zeugnis von der römischen Vergangenheit. 1136 n. Chr. ist urkundlich festgehalten, dass der Bischof von Trier in Nennig einen Weinberg besaß. Weine von der Saar stammen aus Rheinland-Pfalz.

Historisch gesehen war das aber mal anders. Im Saarland wurde Wein in vielen Ecken, auch im Bliesgau, der Oberen Saar, rund um Saarbrücken und auf dem Saargau angebaut. Man kann das noch sehr gut an den Flurnamen erkennen. Nicht nur bei Kleinblittersdorf und in Saarbrücken. „Rebstraße", „In den Rebgärten" und viele andere. Die Straße „Weinbergweg" in Saarbrücken gehört heute zu den besten Adressen der Landeshauptstadt.

Auf dem Saargau etwa existieren Dokumente vom Weinanbau an der Nied schon ab 1340. 1836 wurde im Kreis Merzig, und zwar in Fitten, Büdingen, Hilbringen, Mechern, Merzig, Mondorf, Silwingen, Weiler und Wellingen, Weinbau betrieben. Der großflächige Weinbau im Saarland wurde im 19. Jahrhundert vor allem durch die Reblaus gestoppt. Wolfgang Maffert erzählte mir, dass, bis die Reblaus Ende des 19. Jahrhunderts die Reben zerstörte, auf dem Saargau viel Wein angebaut wurde. Weil es hier klimatisch für Obst- und Weinanbau passt. Er erzählte: „In Hemmersdorf, Niedaltdorf, Siersburg und Ihn wurden auf 28 Hektar Wein angebaut. Da haben einige Familien von gelebt. Nach der Reblaus wurde dann angeordnet, dass hier kein Wein mehr angebaut wird." Deshalb ist das heute ein Teil der saarländischen Viezregion.

Immer wieder ist nachzulesen, dass Klöster Weinbau im Saarland betrieben. Ich stieß bei meinen Recherchen auf Namen wie Kloster Wörschweiler, Hornbach, Gräfinthal und Stift Sankt Arnual. Aber, das war ja nichts Ungewöhnliches.

Das Zentrum des Weinbaus im Saarland ist Perl. Wenn Sie in dieser Gegend in ein Gasthaus gehen, wird Ihnen wahrscheinlich auch ein Elbling angeboten. Es ist die älteste Rebsorte Europas und wurde hier heimisch mit den Römern. Der Wein aus dieser Rebe wird von vielen Einheimischen gerne im Gasthaus getrunken.

Die Reben, die im Saarland zu sehen sind, stammen meist aus Pflanzungen um die Jahrtausendwende. Doch seither, mit Klimawandel, findet ein Prozess statt, dass da immer neue Rebsorten dazukommen. Elbling wird immer weniger angebaut, dafür gibt es im Saarland besonders viel Auxerrois. Eine besondere Rebsorte, benannt nach ihrer Herkunft, der burgundischen Stadt Auxerre. Und, der Auxerrois hier ist eine außergewöhnliche Spezialität, auch als Essensbegleiter. Neben der Obermosel in Deutschland wird er auch gerne in Luxemburg angepflanzt. Weitere Weinbauregionen mit nennenswerten Anpflanzungen sind das Elsass und Baden.

Der Riesling spielt im Saarland eine untergeordnete Rolle. Das liegt am Boden, dem Muschelkalk. Bessere Voraussetzungen bietet der Schiefer an der Saar für den Riesling. Doch, manchmal hat man auch im Saarland eine Überraschung im Glas!

Im Saarland bauen die Winzer gerne die Reben der Burgunderfamilie an, etwa Weißer Burgunder, Grauer Burgunder und im Rotweinsegment Spätburgunder. Dazu noch etwas Müller-Thurgau. Doch es kamen in den letzten Jahren weitere Rebsorten dazu. Ich trank schon bemerkenswerte Tröpfchen von andern Reben. Etwa Sauvignon Blanc und Chardonnay. Auch Gewürztraminer. Reden Sie mit den Winzern, da sind noch weitere Entwicklungen in der Zukunft im Gange.

Seit 2006 ist es im Saarland rechtlich erlaubt, an Saar, Blies und Nied saarländischen Landwein herzustellen. Dazu wurden Reben auf dem Merziger Kreuzberg, in Beckingen, an der Nied, der Oberen Saar und im Bliesgau gepflanzt. Was für manche als Jux begann, wird aber mittlerweile mit Ernsthaftigkeit betrieben. Manchmal wird mir auch in unterschiedlichen Restaurants eine Flasche angeboten. Ich empfinde dies als Zugewinn des saarländischen Weinbaus.

In Saarbrücken, an der Südseite des Winterbergs, oberhalb des Kasentals, wird auch wieder Wein in kleinen Mengen kultiviert.

Schon andere Dimensionen hat diese Geschichte aber im Bliesgau. Dort läuft seit Jahren eine ernsthafte Entwicklung mit dem Blieswein. Ich möchte in diesem Buch deshalb an Klaus Ruffing erinnern. Er verstarb leider viel zu früh. Klaus Ruffing war Unternehmer, Dozent und Sommelier. Er stammte aus Blieskastel, deshalb lag es ihm am Herzen, eine Entwicklung des Weinbaus im Bliesgau anzuschieben. Hinterlassen hat er uns eine wunderbare Dokumentation mit dem Titel „Weinregion Bliesgau und Obere Saar - die Wiederbelebung des professionellen Weinbaus".

Darin beschrieb er Historie und Visionen, dokumentierte Zeitzeugnisse und beschrieb den Anfang des Weinbaus dort. Der Sommelier, der so vielen Menschen die Welt des Weins näher brachte, schrieb: „Als historisch verbürgtes Weinanbaugebiet mit über 700-jähriger Geschichte haben Bliesgau und Obere Saar das Potenzial, bei entsprechender Wiederbelebung dieser Tradition, wieder zum beliebten und bekannten Weinanbaugebiet zu werden. In den letzten Jahren gab es bereits zahlreiche Initiativen engagierter Weinliebhaber, die im Bliesgau und der Oberen Saar – bisher nebenberuflich – ihren eigenen Wein erzeugen. So zum Beispiel die ‚Weinbaufreunde im Bliesgau e.V.' in Reinheim."

Er prägte auch den Namen „Blieswein". Klaus Ruffing hatte dabei eine weitere Vision: ein grenzüberschreitendes Weinbauprojekt! Er plante: „Eine noch größere Strahlkraft und Leuchtturmwirkung kann das Projekt einnehmen, wenn es von Beginn an grenzüberschreitend als deutsch-französisches Weinbauprojekt durchgeführt wird."

Stefan Gramer und Martin Baltes betreiben ihren Weinhandel in Bübingen, am Rande des Bliesgaus, mit ihrem Geschäft Crusauvage. Doch der „Blieswein" ist ihr zweites Anliegen.

Stefan Gramer erzählte über ihre Passion: „Wenn man durch den Bliesgau fährt, erkennt man ja schnell, dass da mal Weinberge existiert haben. Man kann es auch an den Flurnamen erkennen. Vor vielen Jahren machte ich meine erste Weinwanderung durch den Bliesgau. Ich fand dieses Thema immer interessant und fragte mich, warum der Weinbau hier verschwunden ist?"

Die beiden organisieren jetzt selber Weinwanderungen. Vor einiger Zeit zeigten sie einer kleinen Gruppe von „Geografie ohne Grenzen" die historischen Orte. Essen gab es bei der Tour auch: von Chez David aus Sitterswald.

Sie hatten viel erklärt auf der Tour, denn sie wissen auch schon, welche Reben die geeignetsten wären für die Zukunft. Diese heißen „Piwis", pilzwiderstandsfähige Rebsorten. Die Karten stehen nicht schlecht, denn der Bliesgau ist wie das Weinanbaugebiet der Saar, ein Klimawandelgewinner! Dazu kommt noch, die Sommer werden trockener und die Niederschläge extremer. Da ist eine Dauerbegrünung durch Reben eine hilfreiche Sache. Die steigenden Temperaturen helfen dem Wein zu besserer Qualität. Dies kann man schon länger nachweisen, denn Hobbywinzer und kleine Vereine bauen hier Wein an. Ihre Aufzeichnungen belegen, dass die Mostgewichte gestiegen sind. Auch der Lesezeitpunkt hat sich immer weiter nach vorne im Jahr verschoben.

Eine Anzeige aus „Das Saarländische Wanderbuch" von 1925 (Hofer Verlag):

Weingut Ritthof
bei Bliesransbach
(Post Bliesmengen)

Wundervolle Lage mit herrlichster Aussicht ins Bliestal.

Reine Weine (eigenes Wachstum). ff. Tafelbiere. Gut
bürgerl. Küche, bekannt altbewährt. Sehr schöne Terassen-
Anlage, Gesellschaftsräume. -- Bahnstationen Bübingen und Kleinblittersdorf. Staubfreie Lage.

Bei größeren Gesellschafts - Essen Voranmeldung erbeten.

Martin Baltes fügte noch ein weiteres Argument dazu: „Die Geomorphologie spricht auch für den Weinanbau an Blies und Oberer Saar. Wir haben es hier vielfach mit Kalkböden zu tun. Kalk ist besonders für die Burgunderreben ideal. Also Weißburgunder, Grauburgunder, Spätburgunder."

Dies gilt auch für Chardonnay. Denn auch Burgund und die Champagne, also dort, wo diese Sorten in Frankreich angebaut werden, sind größtenteils Kalkverwitterungsböden. Hochwertige Weine wachsen oft auf diesen Kalkböden. Dazu passt ein weiterer Fakt zur richtigen Zeit: die Biosphärenregion Bliesgau. Denn diese hat den Auftrag, Wirtschaftszweige zu entwickeln, die zur Biosphäre passen. Bioweinbau ist da ein gelungener Ansatz!

Sie erzählen mir dann noch, dass die heutigen Hobbyweinbauern im Bliesgau vor allem „Piwis" an Reben bevorzugen, nämlich die Sorten Regent und Phönix. Etwa auf dem Ritthof in Bliesransbach. Allerdings gibt es auch Initiativen in Reinheim, die teils andere Rebsorten anbauen, etwa Sauvignon blanc. Dabei bringen sie dort ihr Lesegut nach Rheinland-Pfalz zu einem Winzer. Dieser macht ihnen dann aus den Trauben Wein.

Die Anfänge laufen also und ich hoffe, dass Klaus Ruffings Vision wahr wird: Weine aus einer grenzüberschreitenden Region zu produzieren!

Die kleine Saarschleife bei Hamm

■ WEINBAU AN DER SAAR

An Mosel, Saar und Ruwer wird am längsten in Deutschland Wein angebaut. Dank der Römer, die Weinreben vor etwa 2000 Jahren in diese Gegend brachten. Zwischen Hunsrück und Eifel, im Rheinischen Schiefergebirge, entlang der Mosel und ihren Nebenflüssen Saar und Ruwer.

Wenn man sich den Weinbau in dieser Region anschaut, fallen einem sofort die Steillagen und Terrassen auf. Die Hälfte der Rebflächen befindet sich hier in Steil- und Terrassenlagen mit über 30 Grad Hangneigung.

Hier fühlt man sich manchmal wie im Hochgebirge. Weinbau bedeutet hier, man muss der Natur den Wein abtrotzen!

Weinbau in dieser Region ist kein Kinderspiel, arbeiten in manchen Lagen ist lebensgefährlich. Doch keine Weinbauregion in Deutschland hat sich seit der Jahrtausendwende so positiv entwickelt wie die Weingüter hier. Es gibt nicht wenige Fachleute, die behaupten, die besten Rieslinge der Welt kommen von hier.

Das hat auch mit dem Klimawandel zu tun. Nehmen wir mal die Saar:

Die „kühle Schwester" der Mosel ist gar nicht mehr so kühl, sondern cool. Angesagt, überzeugt mit großer Qualität. Weltklasseweine! Wenn Sie die Preise mit den Weltklasseweinen der Bourgogne oder des Bordelais vergleichen, haben Sie gleich ein Argument mehr, mal in den Südwesten Deutschlands zu fahren.

Entlang der Mosel zwischen Perl und Koblenz, an der Saar zwischen Serrig und Konz, sowie an der Ruwer zwischen Riveris und dem Trierer Stadtteil Ruwer bewirtschaften etwa 5.000 Winzer in 125 Weinorten um die 9.000 Hektar Weinbergfläche.

Die Weinlage Saarfels mit Weingut van Volxem bei Wiltingen

Unterteilt ist das Anbaugebiet in sechs Bereiche: Die Untere Mosel wird als Terrassenmosel bezeichnet, da dort Weinbau oft nur auf Weinbergterrassen möglich ist Genau da befindet sich auch der steilste Weinberg Europas, der „Bremmer Calmont".

Von der deutsch-französischen Grenze bis südlich von Trier liegt die Obermosel. Der Bereich Moseltor, ein Teil der Obermosel, gehört zum Saarland. Nur hier sind die saarländischen Winzer tätig. Die Saar gehört zu Rheinland-Pfalz. Bis auf einen saarländischen Ausnahmewinzer: Ralf Petgen vom Weingut Petgen-Dahm. Er hat auch Steillagen an der Saar. Die weltberühmte Lage „Ayler Kupp" etwa.

Das Ruwertal ist die kleinste Teilregion des Anbaugebiets. Viele Freunde der Ruwerweine schätzen die Filigranität der Kreszenzen.

Die Winzer im gesamten Anbaugebiet lieben eine Rebe besonders: den Riesling. Schiefer und Riesling dominieren die Weinberge an Mosel, Saar und Ruwer. Hier arbeiten sie, um die Menschen mit Weinen von dieser Rebe glücklich zu machen. Der Riesling, der spät reift, findet hier ideale Voraussetzungen. Vor allem in den unterschiedlichen Schieferböden.

In Jahren, in denen die Reben richtig reifen können, produzieren die einheimischen Winzer an der Saar absolute Weltklasse an Weinen. Dabei hilft ihnen auch

die Natur. Hier ist es oft nicht nur steil, die geschützten Täler, in denen der Wein reift, machen die Region zu einer der wärmsten Klimazonen Deutschlands. Die steilen Schieferhänge über den Flüssen speichern am Tag die Sonnenwärme und geben sie nachts wieder ab. Viele Meter dringen die Wurzeln, vor allem die der alten Reben, in den Boden ein. Dort bekommen sie auch die Mineralien, die diese Weine so unverwechselbar machen. So erhalten die Winzer aus den von Hand geernteten Trauben einzigartig feine, mineralische Weine. Mit enormer geschmacklicher Tiefe und oft relativ niedrigem Alkoholgehalt, da kann man schon mal eine Flasche mehr trinken!

Weltberühmt sind auch die edelsüßen Weine, die jedes Jahr bei Auktionen Rekordpreise erzielen. Egon Müller vom Scharzhof in Wiltingen bekommt dann für seine Flaschen schon mal mehr als 12.000 Euro bei einer Auktion in Trier. Pro Flasche!

Doch hier machen sie auch herausragende trockene Weine. Nicht nur Spätlesen oder Auslesen. Auch der Gutsriesling vieler Weingüter ist schon ein phänomenales Versprechen, welches gehalten wird. Und dies meistens zu einem unschlagbaren Preis. Von feinherb bis trocken ist die Auswahl groß. Preise heimsen sie damit jährlich in nationalen und internationalen Wettbewerben ein.

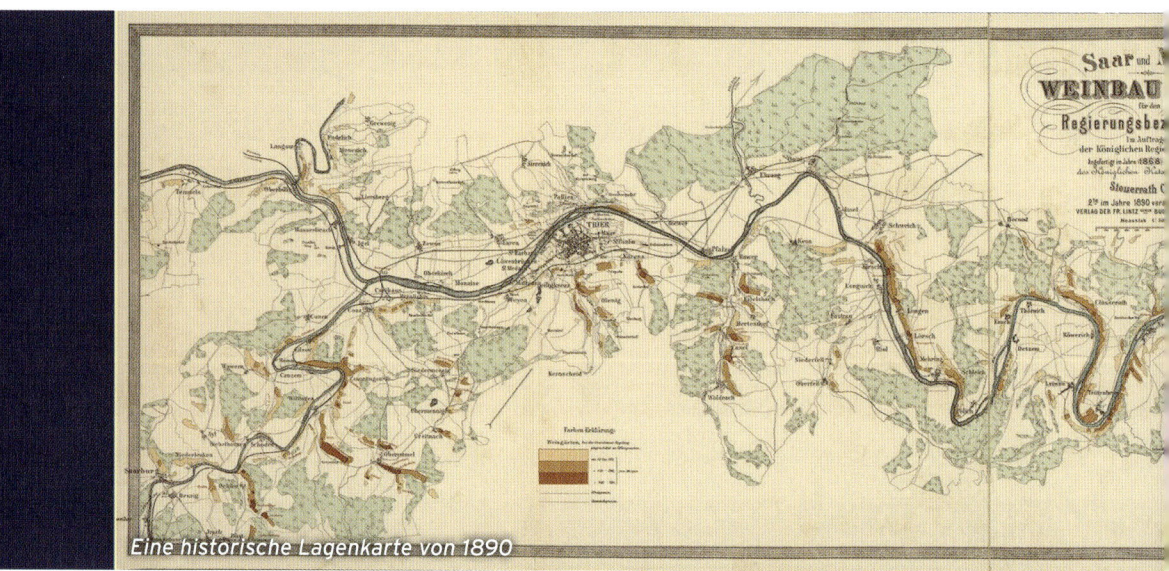

Eine historische Lagenkarte von 1890

Andere Reben wachsen nur wenige an der Saar. Diese wachsen an der Mosel. Je nach Boden, an der Obermosel ist der Schiefer rar, werden auch Müller-Thurgau, Elbling, Kerner, Auxerrois, Weißer Burgunder, Chardonnay, Spätburgunder, Dornfelder und Merlot angebaut.

Wie gesagt, der Klimawandel hat einiges verändert. Die Böden unterscheiden sich nämlich. An der Obermosel Muschelkalk und Keuper, in den Tälern von Saar und Ruwer sowie an der Mittelmosel Devon-Schiefer, südlich von Zell weiche Tonschiefer und kieselsäurereiche Grauwacken, in Tallagen mit Schotter-, Kies- und Sandablagerungen.

Der Weinanbau an der Saar findet bei großen Gütern mit nach Süden ausgerichteten Schiefersteillagen in Seitentälern statt. Dabei entstehen perfekte Kombinationen, einerseits karge und zugleich mineralreiche Schieferböden, aber auch, für die Aromenbildung der Rieslinge sehr wichtig, die Wärme der Steillagen. Deshalb können Sie mit Saarrieslingen etwas Einmaliges erleben: Eleganz und Finesse!

Um 1900 waren die Saarrieslinge die begehrtesten Weine der Welt! In internationalen Spitzenrestaurants und auf den Luxusdampfern standen sie ganz oben in der Gunst. Ich habe alte Karten aus dieser Zeit gesehen, da waren Namen notiert von Weingütern, die wir auch heute noch schätzen. Etwa aus der Bourgogne und aus Bordeaux. Anbaugebiete wie Chablis, Margaux oder Saint Julien. Doch, der Scharzhofberger von der Saar war teurer! Und seit Jahrzehnten sind die großen Häuser an der Saar wieder Weltspitze. Vor kurzem bestellte ein französischer Freund bei mir Saarweine großer Lagen. Bisher sammelte er Weine aus der Bourgogne. Das hat sich nun geändert. Er bestellte Magnumflaschen Riesling von der Saar, als Geschenk an seine französischen Weinfreunde. Er prognostizierte, dass sich sein Weinkeller gerade verändere. Denn seine neuen Lieblingsweine seien die Besten von der Saar.

Das Anbaugebiet Mosel ist eine höchst attraktive Reiseregion. Genauer kennenlernen kann man diese mit einem qualifizierten Weinerlebnisbegleiter. Sie nehmen die Gäste mit auf Touren, zeigen die schönsten Plätze an den drei Flüssen und gestalten besondere Tage. Manche Weingüter organisieren auch Tagestouren. An der Obermosel gibt es auch „Drei-Länder-Touren". Mit einem großen Essen im Weinberg. Und Käse aus Lothringen. Es ist schon ein ganz besonderes Fleckchen Erde hier. Im Grenzgebiet zu Frankreich und Luxemburg.

■ DER SAAR-RIESLING-SOMMER

Wenn der Sommer langsam zu Ende geht laden die Winzer an der Saar auf ihre Höfe und Weingüter ein, um allen Freunden des Saarrieslings ihre unverwechselbaren Tropfen vorzustellen.

Der SaarRieslingSommer ist eine Gemeinschaftsinitiative renommierter Winzer aus der Saarregion. Ende August, manchmal Anfang September laden die Weingüter gemeinsam mit Gastwinzern zur Degustation ihrer Weine und Besichtigung ihrer historisch oftmals bedeutenden Gebäude ein.

Eine perfekte Kombination von gelebter Weinkultur und Genuss. Der SaarRieslingSommer ist eine ideale Gelegenheit, um die außergewöhnlichen Gewächse verschiedener Weingüter zu verkosten. Je nach Veranstaltungsort stellen sich zwischen ein und fünf Güter mit ihren Weinen vor. Sie erhalten bei dieser Veranstaltung die großartige Gele-

Weingut Cantzheim und der Altenberg

genheit, einen repräsentativen Querschnitt eines jeden Weingutes kennenzulernen.

Das Schiefergestein der Saarhänge ist ein guter Wärmespeicher, prägt den
Weingeschmack und verleiht dem Saarriesling seinen unverwechselbaren Cha-
rakter. Kenner aus der ganzen Welt schätzen die Fruchtigkeit des Saarrieslings
sowie seine feine Säure. Weine von der Saar wirken filigran und elegant.

Die Saar hat sich an ihrem Unterlauf zwischen der imposanten Saarschleife und
der Saarmündung in die Mosel tief ins Rheinische Schiefergebirge eingegraben
und so die steilen Hänge mit den Schieferböden entstehen lassen – das Terroir
schlechthin für Riesling. Das Zusammenspiel von Reben, Mikroklima und Boden
bringt in einer langen Vegetationsphase – manchmal bis 140 Tage – zwischen
Blüte und Reife sensationelle Weine hervor.

Besonders die Crème de la Crème, die nach Süden ausgerichteten Steillagen,
etwa der Scharzhofberg bei Wiltingen, der Ockfener Bockstein, die Ayler Kupp
oder der Kanzemer Altenberg gehören zu den Topweinlagen dieser Welt. Die
Saar ist ja ein nicht unbedeutendes Teilgebiet vom Gesamtanbaugebiet Mosel.
Auch ein sehr schönes und selbstbewusstes Weinbaugebiet. Vor ein paar Jahren

Weinprobe bei Van Volxem

gab es zu einem Fixtermin verschiedene Jahrgangsverkostungen verschiedener Weingüter. Daraus entwickelte sich die Idee für den „SaarRieslingSommer", da man merkte, die Leute wandern von Weingut zu Weingut. Jetzt machen sie ein gemeinsames Wochenende. Es sind renommierte Betriebe, die mitmachen. Sie öffnen ihre Höfe, laden Winzer zu ihren Standorten aus anderen Weinbaugebieten ein. Getragen ist dies von einer wunderbaren Stimmung, manche machen auch noch kulinarische Angebote.

Es gibt auch Bustransfers vom Trierer Hauptbahnhof an die Saar. Dort werden die Gäste in Kleinbussen, die permanent fahren, von Weingut zu Weingut transportiert. Auch die Bahn ist ein möglicher Begleiter. Kleine Hotels stehen überall zur Verfügung, einige Hotels und Restaurants bieten Arrangements an.

In den letzten Jahren stiegen die Besucherzahlen an. Die Organisatoren wollen „das Saartal erlebbar machen." Es ist ein wundervolles Fleckchen Erde hier, die Saar zeigt sich auf ihren letzten Kilometern, bis sie bei Konz in die Mosel mündet, von ihrer schönsten Seite! Die Weinfreunde können jubeln, denn an diesem Aktions-Wochenende ist das Angebot unvergleichbar.

Schloss Saarstein

Nehmen wir ein Beispiel aus der Vergangenheit. Neben den renommiertesten Betrieben der Region, etwa in Filzen Piedmont und Reverchon mit ihren Gästen Josef Rosch aus Leiwen und Peter Jakob Kühn aus dem Rheingau, in Kanzem Mertes und Van Othegraven mit ihren Gästen Domaines Vinsmoselle aus Luxemburg und Karthäuserhof aus Trier, sowie Van Volxem aus Wiltingen und Friedrich Becker aus Schweigen, der in Fachkreisen ja „Rotwein-Becker" heißt.

In Saarburg erwartete Sie Geltz-Ziliken mit seinen Gästen Peter Lauer aus Ayl und Bernhard Huber aus Baden. Hoch oben über der Saar mit wunderschönem Blick in das Saartal residiert Schloss Saarstein in Serrig.

In Oberemmel liegt das Weingut Von Hövel. Dieses Weingut hatte Reichsgraf von Kesselstatt aus Morscheid, Joh. Jo. Prüm aus Bernkastel, das luxemburgische Weingut Alice Hartmann und das badische Vorzeigegut Salwey, sowie Clüsserath-Weiler aus Trittenheim an Bord. Die Bischöflichen Weingüter erwarteten Sie in Wiltingen und Trier, präsentierten Ihnen die Gäste Weinhof Herrenberg aus Schoden und Weber Brüder, auch aus Wiltingen. In Ockfen auf dem Weingut Dr. Fischer erwartete Sie ein weiteres Bonbon aus der Nachbarschaft: Markus Molitor. Auch der St. Urbans-Hof

aus Leiwen und das Weingut Hofstätter aus Südtirol versprachen bei dieser Visite Genuss grenzenlos.

Andreas Barth, ein besonderer Weinflüsterer, der eigentlich Moselaner ist und an der Terrassenmosel seinen eigenen Betrieb, den Lubentiushof, führt: „Ich als Moselaner mag das Saartal. Mich fasziniert hier, dass die Saar immer nach einer Seite offen ist. Also, hier vor uns der Altenberg und die Weite nach der anderen Seite, das offene Land. Das finde ich faszinierend. Landschaftlich und die Nähe zum Dreiländereck geben dieser Region ein besonderes Flair. Auch das kollegiale Verhältnis der Saarwinzer ist ein besonderes, was mir sehr gefällt."

Die Saar ist das Weinaufsteigerland des Jahrtausends und vielleicht spielt dabei auch der Teamgedanke eine wichtige Rolle. Dreisternekoch Christian Bau aus Nennig sagte mir mal: gleich, wo er hinkomme, ob in Nordamerika oder Asien, die Weingüter der Saar stehen oben auf jeder guten Weinkarte!

Einer, der dafür mitverantwortlich ist, biegt gerade mit seinem Wagen auf den Hof ein, wo ich mit Andreas Barth sitze: Roman Niewodniczanski von Van Volxem. Er will mit Andreas Barth die Vorbereitungen für das nächste, besondere

Event besprechen. Ich kenne ihn seit 2002, Thomas Nickels vom Landgasthof Paulus sei Dank und freue mich auf einen ambitionierten Weinplausch!

Das Gespräch nimmt einen anderen Verlauf. Der „Weinflüsterer" klärt mich auf: „Die Lage Geisberg. In alten Unterlagen fand ich Hinweise, dass diese Lage vor 100 Jahren eine der teuersten Lagen der Welt war. Gemeinsam mit Markus Molitor habe ich diesen Berg kultiviert und wir erwarten in einigen Jahrzehnten höchstmineralische, aromatische Weine. Mit wenig Alkohol. Diese Region hat noch eine ganz große Zukunft."

Und dass man an der Saar auch sehr gut essen kann, ist mittlerweile ja auch weltweit bekannt. Also, planen Sie schon mal ein genussvolles Wochenende im Saartal!

Brigitte und Ralf Petgen in ihrem Weinberg.
Ralf Petgen ist der einzige „saarländische Saar-Winzer".

DER SAARLÄNDISCHE WINZER AN DER SAAR

Ökonomierat Petgen-Dahm

Das Weingut Petgen-Dahm gehört mit 25 Hektar Eigentumsfläche, davon 17 Hektar Rebfläche im Ertrag, zu den renommierten Betrieben der Mosel. Seit dem 17. Jahrhundert betreibt die Familie hier Weinbau im Dreiländereck Deutschland-Frankreich-Luxemburg.

Exquisite Spezialitäten des Hauses Petgen-Dahm sind die spritzigen und gehaltvollen Burgunderweine. Sie gedeihen auf den schweren Kalkmuschelböden der saarländischen Obermosel.

Im Saarland, an der Obermosel, gibt es eine kleine und überschaubare Gemeinde an Winzern. Fahren Sie mal nach Perl. Hier und in einigen weiteren kleinen Dörfern produzieren Winzer saarländische Weine. Hier, und nur hier, ist das Zentrum des saarländischen Weinbaus!

Perl, im Dreiländereck Deutschland, Frankreich und Luxemburg haben

Die Weinlage Ayler Kupp

schon Römer und Kelten gesiedelt! Sie schätzten das Klima hier für den Weinbau. Hier bauten sie auch zahlreiche Häuser, Höfe und Prachtvillen. Besuchen Sie mal Perl-Borg, um diese historischen Schätze zu bewundern!

Es sind einige Weinbaubetriebe, die hauptberuflich wie auch nebenberuflich betrieben werden, die an diesem Teil der Mosel im Saarland vor allem Burgunderreben und ein paar andere Weine anbauen. Dieses Gebiet ist auch kein typisches Rieslingsgebiet. Das liegt am Boden. Für große und weltbekannte Rieslinge stehen die Mittelmosel und die Terrassenmosel mit ihren Schieferlagen. Die Winzer im Saarland machen in der Mehrzahl aber ordentliche bis gute Weine. Einige wenige machen auch sehr gute Weine! Etwa Petgen-Dahm!

Wenn Sie sich einmal einen Überblick verschaffen wollen, empfehle ich Ihnen den „Prüftag" in Perl oder Saarbrücken, die immer an einem Märzwochenende stattfinden. Dort können Sie sämtliche Weine des neuen Jahrgangs vieler saarländischen Winzer, die im Saarland vergoren wurden, probieren. Oft fand ich dort eine Rebe, historisch eher untypisch, wie etwa Gewürztraminer, Chardonnay, Viognier oder Spätburgunder, die mich bei einem Winzer zum Kauf animierten.

Weltberühmte Weine stammen von der Saar. Die Betriebe liegen in Rheinland-Pfalz. Bei mir zählt Qualität und deshalb liebe ich die Weine von der Saar. Ein saarländisches Weingut hat sich auch im nationalen und internationalen Vergleich prächtig entwickelt: Petgen-Dahm. Sie sahnen immer wieder jede Menge Preise ab!

Eine ganz besondere Herausforderung ist es für Ralf Petgen in den Steillagen der Saar, der weltberühmten Terroirlage „Ayler Kupp", Spitzengewächs des Saarrieslings, zu produzieren. Somit ist Ralf Petgen der einzige „saarländische Saar-Winzer". Sehr erfolgreich ist das Haus auch in der Sektproduktion.

Im Doppelnamen Petgen-Dahm haben sich zwei Familien zusammengefunden, die beide seit Jahrhunderten dem Weinbau im Grenzdreieck Deutschland-Frankreich-Luxemburg verbunden sind. Die Familie Petgen stammt vermutlich aus den südlichen Gefilden der Schweiz und hat sich nach dem 30-jährigen Krieg, Mitte des 17. Jahrhunderts, in Perl-Nennig niedergelassen. Am Anfang als Verwalter dem Adelsgeschlecht von Schloss Berg gegenüber weisungsgebunden, besaßen die Petgens durch unerlässlichen Fleiß und kaufmännisches Geschick schon bald und bereits 50 Jahre vor der französischen Revolution Eigentum an Schloss

Berg und den umliegenden Ländereien der Unterburg, die einst eine hochherr-schaftliche Schlossanlage darstellte und heute noch als Wehrturm und Ruine mit aufwendigem Renaissanceportal erhalten ist. In diesem Teil der Burg hatten die Petgens Eigentum zusammen mit den Familien de Lassaulx und de Musiel.

Die Familie Dahm stammt aus dem Saarburger Raum und besaß einen landwirt-schaftlichen Betrieb in Körrig bei Saarburg, darüber hinaus seit dem 19. Jahr-hundert ein Weingut in Wiltingen von fünf Hektar Größe mit den berühmten Lagen „Wiltinger Braunfels" und „Wiltinger Scharzhofberg".

Den Träumereien seines Großvaters folgend, der diese Weinberge bestellt hat-te, und die Einschätzung teilte, dass sehr guter Riesling nur an den Schiefer-lagen der Saar und Mosel wachsen kann, hat Ralf Petgen sich wieder auf die Terroirlagen der Saar zurückbesonnen.

Mit dem Zukauf von vier Eigentumsparzellen in der Steillage der weltberühm-ten Lage „Ayler Kupp", etwa 45-jährige alte Reben vom renommierten Sekt-haus Hausen-Mabillon, hat sich der familiäre Kreis geschlossen und Ralf Petgen sich seinen Traum erfüllt, Spitzenriesling aus einer außergewöhnlichen Terroir-lage, der „Ayler Kupp", zu produzieren.

Mit dem Riesling „Ayler Kupp", der bei großen Jahrgangsverkostungen immer wieder unter die besten restsüßen Rieslinge gewählt wird, hat Ralf Petgen für seine Vinifizierung höchste Anerkennung erhalten. Die naturnahe Bewirtschaftung der Rebfläche ist für Ralf Petgen oberstes Gebot der Stunde. Die hervorragende Qualität der Weine wurde durch insgesamt acht Große Staatsehrenpreise des Saarlandes und weitere fünf Staatsehrenpreise bestätigt.

Brigitte und Ralf Petgen betreiben ein Weingut allererster Güte. In den letzten Jahren haben sie kräftig dazugekauft, in Keller, Grund und Boden investiert, um sich den Anforderungen der Zukunft zu stellen. Neue Stahltanks für die Weißen, Eichenfässer für die Roten. Bei der Verkostung der unterschiedlichen Weine das einhellige Urteil: „Das sind ganz herausragende Weine."

Vom Sekt bis zum Merlot im Barrique gereift, vom weißen Burgunder, Fass Nr. 1 bis zum Eiswein, so was bekommt man nicht alle Tage!

Also, ab nach Sehndorf! Ich fahre mit dem sympathischen Winzerehepaar zum berühmtesten saarländischen Weinberg, dem Perler Hasenberg. Brigitte Petgen berichtet mir: „Heute wurde uns wieder mal von der Landwirtschaftskammer Rheinland-Pfalz als bisher erstem und einzigen Betrieb im saarländischen Teil des Anbaugebiets Mosel die Auszeichnung ‚Haus der prämierten Weine' verliehen."

Mit Auszeichnungen kennt sich Petgen-Dahm aus. Das Weingut trägt den Beinamen Ökonomierat für besondere Verdienste um das Land. Im November 2009 wurde dem Weingut Ökonomierat Petgen-Dahm der Große Staatsehrenpreis für besondere Leistungen im Weinbau verliehen. Besondere Auszeichnungen - davon haben sie mittlerweile mehrere!

Damit steht das Haus Petgen-Dahm in der Geschichte der seit 1983 stattfindenden saarländischen Weinprämierung unangefochten an der Spitze. Ich stelle fest: „Das hört ja gar nicht mehr auf: ihr habt bei der Berlin-Trophy bundesweit für Schlagzeilen gesorgt, selbst Eure drei Sekte wurden alle ausgezeichnet."

Ralf Petgen öffnet eine Flasche Eiswein und sagt: „Der Jahrgang 2011 war ein ganz großer." Er schenkt aus und ich füge hinzu: „Hier einen so tollen Wein zu trinken ist schon etwas Besonderes! Hier ist Europa, wir blicken auf Frankreich und Luxemburg, da steht noch ein alter Grenzstein im Weinberg von 1890."

Der Autor bei Paul und Jean-Pierre Haeberlin (r.)

■ ICH ZIEH DEN HUT!

Als Charles de Gaulle und Konrad Adenauer die Deutsch-Französische Freund-schaft auf den Weg brachten, gab es kurz später das Deutsch-Französische Ju-gendwerk. Diese Freundschaft zu unserm Nachbarland prägte mich mein ganzes Leben! Die lebte ich von Anfang an. 1971 kam ich im Rahmen dieses Austausch-programms nach Paris zu Familie Giraud. Ich sah damals noch „le grand trou", das große Loch, welches durch den Abriss der Pariser Markthallen entstand!

Sechs Wochen in einer französischen Familie leben, das war dann doch etwas Neues. Meine Mutter Hilde war eine fantastische Köchin. Oft kamen Nachbarinnen zu uns nachhause, um sich bei ihr Rat einzuholen, wenn es um backen oder kochen ging.

Doch in Frankreich war vieles anders und ich war überrascht, welche Produkte bei dieser französischen Familie auf den Tisch kamen. Zum Essen gehört ein gutes Glas Wein, das lernte ich dort. Vieles davon war für mich neu. Doch ab diesem Zeitpunkt, ich war 14 Jahre, hatte ich mich in die französische Küche und Genusskultur verliebt.

In den 1980ern begann ich mit meiner kulinarischen Tour de France. Ich bereiste alle Ecken Frankreichs, um auch die herausragenden Regionalküchen kennenzu-lernen.

Kein Weg war zu weit, ich stand auch mit französischen Chefs in den 1990ern Jahren gerne in der Küche, um zu lernen. Unvergesslich Jules, am Rande der Pyrenäen, der mich zu seinem Assistenten machte, bei einer Veranstaltung des Deutsch-Französischen Jugendwerks: Kultur geht durch den Magen!

Als ich in den 1990ern Jahren beschloss Regioguide, meinen eigenen zwei-sprachigen Restaurantführer unserer Region herauszugeben, konzentrierte ich mich mehr auf unsere Großregion. Ich besuchte unzählige Brasserien, Bistrots und Restaurants, natürlich auch in Lothringen und dem Elsass.

Bei Paul und Jean-Pierre Haeberlin in ihrer einmaligen „Auberge de L'Ill" war ich 1984 zum ersten Mal. Und dann immer mal wieder. Heute noch zählt dieses Haus zu den besten Frankreichs und wird von Sohn Marc Haeberlin geführt.

Brigitte und Georges-Victor Schmitt

Isabelle und Lydia Egloff

Rolf Klöckner mit Patrick Tanésy

In dieser Zeit lernte ich auch zwei Schwestern vor den Toren Saarbrückens, im französischen Stiring-Wendel, kennen: Lydia und Isabelle Egloff mit ihrem Restaurant „La bonne Auberge". Auch bei ihnen war jeder Besuch eine Fortbildung für mich. Was übrigens für alle hier gilt. Außergewöhnliche Restaurants, französische Lebensart, es war jedes Mal Weihnachten und Ostern an einem Tag, wenn ich diese Genusstempel aufsuchte.

Immer wieder zog es mich auch nach Phalsbourg, zu Brigitte und Georges-Victor Schmitt in ihrem „le Soldat de L'an 2". Auch hier eine Genusswelt, die sich seiner Zeit in Deutschland kaum finden ließ! Eine großartige Küche, ein unvergesslicher Weinkeller, französische Lebenskultur, die ich in mich aufsog.

Patrick Tanésy betrieb in Nancy jahrzehntelang sein Restaurant „Le Gastrolâtre". Er stammt aus der Provence und kochte seinen ganz eigenen Stil. Mit Olivenöl und Bergamotte als Stichworte. Außerdem zeigte er mir das kulinarische Nancy. Vom überdachten Markt zu vielen jungen Köchinnen und Köchen, die damals am Anfang standen. Oft begleitete er mich zu ihnen. Einige von ihnen haben heute einen Stern oder ein ganz herausragendes Bistrot!

Unvergessliche Erinnerungen, deshalb diese Seiten: Ich ziehe den Hut!

■ BILDQUELLEN

Patric Bies: S. 6, 8, 10, 11, 13, 16, 23, 22 (7) (9) (10) (11), 89, 108 li., 126, 128, 128/129, 129, 130, 132, 137, 138, 152, 154, 155, 156, 157, 158, 159, 160, 161, 170, 172, 172/173, 173, 175, 176, 177, 178

Florian Brunner: Titelfoto, S. 12, 14, 36, 36/37, 37, 38, 40, 44, 54, 58, 62, 64, 66, 68, 70, 72, 72/73, 73, 74, 75, 80, 86, 87, 92, 94, 94/95, 95, 96, 106, 231

Delphine Buchholz: S. 108 re.

Chateau d'Adomenil: S. 104

Weingut Cantzheim © Susanne Schug: S. 22 (2) (3), 24, 206, 212, 216

Christian Ebert: S. 214

Dirk Guldner: S.100, 102/103, 103, 105, 110, 136, 136/137, 141, 182, 184

Thomas Lief: S. 168

Astrid Karger: S. 18, 20, 22 (8) (12) (13), 27, 34, 39, 49, 57, 84, 90, 102, 226 o.

Archiv Rolf Klöckner: S. 118, 224, 226 u., 227

Weingut Ökonomierat Petgen-Dahm: S. 218, 220, 222

Laszlo Pinter: S. 28, 30, 31, 32, 56, 56/57, 82, 85, 88, 108 li., 140, 192, 193, 195, 196

Rainer Prüm: S. 22 (5) (6), 42, 42/43, 43, 45, 46, 112, 114, 114/115, 115, 142, 144 li., 144 re., 145, 146, 148, 149, 198, 201, 204

Marc Rosengarten: S. 190

sommai - stock.adobe.com: S. 60

Tourismuszentrale Saarland © Philipp Koschel: S. 134

Victor van der Saar: S. 22 (1), 26

Weingut Van Volxem © Robert Dieth: S. 22 (4), 206/207, 207, 208, 210, 213, 217

Victor's Group © Lukas Kirchgasser: S. 122

Thomas Wieck: S. 108 re., 162, 164 li. 164/165, 165, 167

■ ZUM AUTOR

Rolf Klöckner (*1956 in Saarbrücken), studierte in Darmstadt Sozialpäda-
gogik. Schon während des Studiums hatte er eine zweite Leidenschaft: essen & trinken. Er war stets auf der Suche nach den besseren Orten, um die
richtigen Viktualien zu finden. Oft ging er auch in die Küche zu besonderen
Köchen, um dort noch mehr zu erfahren. So lernte er zu verstehen, was eine
gute Küche ausmacht.

Er arbeitete als freier Autor beim Saarländischen Rundfunk, der Welt und bei
FORUM. Immer mit dem Thema Tipps für gute Restaurants & Genusshandwerker.

Er „erfand" den Restaurantführer Regioguide für die Region. Über das Saarland, Luxemburg & Ostfrankreich. Zweisprachig, damit die Leserschaft auch
die Küchen der Nachbarschaft kennen lernt. Außerdem schrieb er die Koch-
bücher „Koch doch einfach" 1-3. Sowie ein Kinderkochbuch „Pelle, der Kar-
toffelbär". Für dieses wurde er vom Europäischen Institut für Ernährung &
Lebensmittelwissenschaft (EULE) mit der Ehrenmitgliedschaft ausgezeichnet.

Rolf Klöckner ist „Ehrenbotschafter" des saarländisch-afrikanischen Wasser-
projektes „BlueFuture".